沖縄苗字のヒミツ

増補改訂

武智方寛

ボーダー新書
023

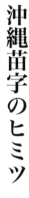

本書は2011年に書き下ろしで刊行した『沖縄苗字のヒミツ』を増補改訂したものである。第二章四節、第五章第三節、エピローグを増補改訂した。

はじめに

あなたは、沖縄の特徴というと何をイメージしますか。青い海、赤瓦の伝統的な家、沖縄方言、沖縄料理……きっと多くのイメージが出てくることでしょう。

「沖縄の苗字」はどうでしょうか。沖縄という場所で育まれてきた「沖縄の苗字」は、沖縄の特徴の代表選手とも言えるのではないでしょうか。「沖縄の苗字」には、本土では苗字にあまり使用しない漢字が使われていて、独特な読み方なものがあります。

さて突然ですが、ここで皆さんにクイズです。「金城さん」という苗字は何と読むでしょうか。普通に読めば「キンジョウ」といったところでしょうか。残念ながら100点満点の答えであるとは言えません。国際的な俳優で「レッドクリフ」で諸葛亮(孔明)役を演じた「金城武」さん、皆さんご存知ですか。お名前は「カネシロ タケシ」さんですね。ちなみに「沖縄の苗字」は地名に由来するものが多いといわれるので「金城」という地名を見てみましょう。沖縄県で「金城」という地名を探してみると、那覇市内に2ヶ所ありました。首里金城町と小禄字金城という地名です。読み方は、前者が「キンジョウ」で、後者は「カナグスク」です。このように漢字で書くと同じ「金城」ですが、読み方は「キンジョウ」、「カネシロ」、「カナグスク」といろいろあるのです。ちなみに聞いた話ですが、懐かしのヒーローであるウルトラセブンに登場する「キングジョー」というロボット、南風原町出身で脚本家の金城哲夫さんが、御自分の苗字「キンジョウ」をもじって命名したとか……。

このような「沖縄の苗字」に興味を持つ人も多いようで、ためしにインターネットで「沖縄」・「苗字」とキーワードを入力すると、大変多くのサイトやブログがヒットします。その内容はそれぞれですが、ちらほらと「沖縄の苗字はカッコイイ」といった意見も見られます。

これらのサイトやブログの中には、昭和初期に沖縄の苗字が本土風に改められた「改姓改名運動」を取り上げているものも少なくありません。よく勉強をされているようで、「仲村渠」さんが「中村」さんに変わったとか、「金城（カナグスク）」さんが「金城（キンジョウ）」さんへ変わったという事例まで紹介しているものもあります。

沖縄に興味を持っていただくことは大変結構なことなのですが、私はこんな疑問を持っています。沖縄の「カッコイイ」苗字は、「改姓改名運動」で変更された過去を持っています。

変更したおかげで「カッコイイ」苗字になったのでしょうか。変更されなかった苗字は「カッコワルイ」苗字なのでしょうか。言い換えてみれば、「カッコイイ」と「カッコワルイ」の間で揺れ動く「沖縄の苗字」の歩みを知りたいということです。

今まで多くの研究者たちが、近代以降の沖縄を明らかにするために、政治や経済そして文化などあらゆる視点から研究に取り組んできましたが、「沖縄の苗字」そのものを視点としたものは多くはありません。そこで私は本稿で、マジメに「沖縄の苗字」の歩みをたどることで、前述の疑問の答えを探しながら、近代以降の沖縄の人たちの苗字に対する思いを探ってみたいと思います。

＊本稿で用いる「沖縄の苗字」とは、1879（明治12）年に整備された沖縄県の戸籍に沖縄県人が登録した苗字を指す。また戦前期の「沖縄の苗字」の復姓による変更後の苗字と戦後の戸籍整備時に登録した苗字も含む。

目次

目次

沖縄苗字のヒミツ　増補改訂

第一章　苗字の歴史

第一節　日本の苗字の歴史

英語では「苗字」のことを「ファミリー・ネーム(family name)」といいます。直訳すれば、家族の名前ということです。

つまり「苗字」は、それぞれの家で代々引き継がれている家*の名称であり、名前と合わせてある個人を識別する記号の一種といえます。そして血族や姻族《いんぞく》といった親戚のつながりを示すものでもあるのです。（*「家」という概念は、戦前の旧民法では存在したが、現在の民法には存在しない。ここではイメージを容易にするため便宜上用いたものである）

日本の苗字はいくつある?

それでは現在、日本には苗字が何種類あるのでしょうか。苗字研究家の丹羽基二氏によれば約30万種類といわれていますが、はっきりした数字はわかりません。その理由はいくつかあるのですが、主なものを挙げれば、①苗字の種類の定義が定まっていないこと、②あまりにも莫大な作業で全国規模の調査が必要であること、といわれています。

①の「苗字の種類の定義」とは、同じ苗字であると判断する基準が、研究者によって違うということです。たとえば「上地」という苗字の場合、「ウエチ」の外に「カミジ」という読み方もあります。ある研究者は「上地」という漢字の組み合わせを重視して1種類とカウントするのに対して、別の研究者は「ウエチ」や「カミジ」などの読み方を重視して2種類とカウントします。従ってそれぞれの研究者によってカウントした合計に、ばらつきがでるということです。

このような理由で「沖縄の苗字」が何種類あるかということも、正確な数字はわかりませんが、沖縄県姓氏家系大辞典編纂委員会編『沖縄県姓氏家系大辞典』(角川書店、1992)の「沖縄県姓氏分布リスト」では1525種類の苗字を掲載しています。日本古代史を専門とする武光誠氏の研究によれば、おとなりの韓国では約260種類、中国では約500種類あると指摘しています。つまり同じ漢字で苗字を表す国々のなかでも、日本は群を抜いて種類が多いのです。ちなみに、沖縄に多い苗字のランキングベスト10に入る苗字は、日本全体のベスト10の中にまったく入っていません。沖縄の苗字が日本全体の苗字のなかでも、特別な存在であることが窺えます。

「苗字」の数や役割がわかったところで、みなさんにクイズです。現在私たちが使っている「苗字」はいつごろ誕生したのでしょうか。現在では「苗字」と同じ意味で使われている「氏」・「姓」・「名字」という言葉を含めて、それぞれの誕生から現在までの歴史について、日本中世史を専門とされる坂田聡氏の指摘をもとに見てみたいと思います。

「氏」と「姓」

最初に誕生したのは「氏《うじ》」と「姓《かばね》」で、4世紀の日本の大和政権の時代までさかのぼります。大和政権では、「氏姓《しせい》制度」という社会制度を作りました。この制度上での「氏」とは、「天皇に仕える集団」のことです。この「氏」という集団、おそらく血縁関係などを共通にする一族だったと考えられますが、この集団に付けられた名称を「氏名《うじな》」といいます。この「氏名」という名称は、のちに略されて「氏」となります。一方「姓」とは、社会的な地位を表すものです。

具体的な事例から見てみましょう。蘇我馬子という古代の豪族を御存知ですか。盛土が流出して石室が露出している姿で有名な奈良県の石舞台古墳は彼のお墓だといわれています。645年におこった「大化の改新」で中大兄皇子（のちの天智天皇）に殺されてしまう蘇我入鹿の祖父に当たります。彼の名前を正式に書くと、

「蘇我 大臣 馬子（そがの おおおみ うまこ）」

となります。

彼の場合、氏名《うじな》が「蘇我」で、姓《かばね》が「大臣」となります。つまり所属する一族の名称「氏」と社会的地位の上下を表す「姓」が一目でわかるシステムであったわけです。

これを見ると「氏」と「姓」は全く別の役割を持った存在であること、そして現在の私たちが知っている「氏」や「姓」と異なるものであったことがわかります。

しかし7世紀以降になると。中国より伝わった律令制度が適用されます。これに伴い新しい官位制度が、古い制度にとって代わり、「姓」はその役割を失いました。このころから「姓」は「氏」と同じ意味に用いられるようになっていったと考えられています。

「名字」と「苗字」

次に誕生したのは「名字《みょうじ》」で、平安時代末期のことだといわれています。「名字」を使いはじめたのは武士で、「名《みょう》」とは武士の領地の地名のことです。「名字」の特徴は、必ずしも親から子へと代々伝えられるものではないことです。

鎌倉幕府の執権職を代々務めた北条氏の場合、第2代執権北条義時の子供のうち、第3代執権となった泰時という人物は〈北条〉を名乗りますが、弟たちは屋敷を構えた地名である〈名越〉と〈金沢〉を「名字」としました。

つまり親の持つ領地を子が継げば同じ「名字」を名乗りますが、違う領地を持つと異なる「名字」を名乗ります。したがって親子や兄弟でも「名字」が異なる場合があり、現在の私たちが使う「名字」とは性格が違います。

「苗字《みょうじ》」が誕生した時期は諸説ありますが、坂田氏によれば室町時代以降であるようです。「苗字」という言葉には、「出自をあらわす名」という意味があるとされています。坂田氏は「苗字」の成立に、武士の相続方法の変化が影響していると指摘しています。

従来、親が所有する領地などは、子供たちにそれぞれ分割して分け与えられていました。

これを分割相続《ぶんかつそうぞく》といいます。この分割相続から、長男一人にすべての領地などを相続する単独相続《たんどくそうぞく》へと変化しました。坂田氏は、この相続方法の変化の結果として、「父から長男へと先祖代々家産を継承する、永続する」システムとしての「家」が誕生したと指摘しており、この「家」を識別するために誕生したのが「苗字」であったと述べています。

このときに誕生した「苗字」は、現在の私たちが持つ「苗字」に比較的近い性格を持っているといえます。この「苗字」という言葉は、その後に成立する江戸幕府で正式な表記として用いられることになります。しかし、他の「氏」・「姓」・「名字」という言葉も生き残り、「苗字」と同じ意味を指すようになりました。

その後の日本の「苗字」

明治時代に入ると政府は、江戸時代に正式な用語とされていた「苗字」を継承しますが、一時的な使用にとどまりました。すぐに「氏」を正式な法律用語として用いることになったためです。ちなみに現在、法務省は「氏」を、文科省は「名字」を、外務省は「姓」を正式用語として採用しています。「苗字」は官庁の正式な用語とはなりませんでしたが、同様の意味を指す言葉として人々に用いられています。

第二節　沖縄の苗字の歴史

現在の沖縄では、先ほど述べた日本の事例と同様に、「苗字」と類似する言葉として「氏」や「姓」などの言葉が使用されています。ここでは沖縄の「苗字」の歴史について、現在発表されている沖縄の名前に関する研究や著作などをもとに見ていきたいと思います。沖縄では歴史上での名前の表記は、身分によって大きく異なっています。琉球王府時代の身分制度は、大きく分けると士族と平民のふたつに分かれますので、士族の場合と平民の場合に分けて見ていきましょう。

もともとは「童名」

もともと沖縄には、苗字に該当するものはなかったようです。人々は生まれた時に命名された名前である「童名《ワラビナー》」を使っていたと考えられます。沖縄の歴史研究者である東恩納《ひがしおんな》寛惇《かんじゅん》によれば、上は国王から、下は一般の人まで持っていた名前であるとされています。一般的な「童名」としては、男性ならば〈太良《タラー》〉や〈次良《ジラー》〉、女性なら〈カマド〉や〈ナベ〉

といった名前が多く見られます。

15世紀に活躍した人物である護佐丸《ごさまる》や阿麻和利《あまわり》たちには「苗字」はなく、彼らの名前は「童名」であったと思われ、琉球史研究者の田名真之氏は〈遅くとも17世紀初頭まで、沖縄の人名は童名が主〉であったと述べています（田名真之『沖縄近世史の諸相』ひるぎ社、1992）。しかし16世紀前半以降の辞令書や碑文などでは、

「家名《かめい》」＋「位階《いかい》」＋「童名」

という人名の表記方法となっており、〈社会の経済的、文化的な発展＝広がりは必然的に個人の属する集団あるいは出身地名を童名の他に要求していた〉（田名前掲）という指摘をしています。

「家名」は、所属集団や出身地名であったようです。「位階」とは琉球王府で行われていた位の制度で、「王子」や「親雲上」など20の位階がありました。

ちなみに「家名」＋「位階」＋「童名」という人名の表記方法だと、

「ミやきせんの　あんし　まもたいかね」（今帰仁の 按司 まもたいかね）

となります。「ミやきせん（今帰仁）」が家名、「あんし（按司）」が位階、そして「まもたいかね」が童名です。

この当時のことを、近世の政治家である具志頭《グシチャン》親方《ウェーカタ》蔡温《サイオン》は、「人は異なるが、名前（＝「童名」）が同じ人が数えられないほどいた」と述べています。おそらく同名の人が増えて「童名」だけでは、個人の特定ができないという問題が起こっていたのかもしれません。

このように16世紀に入ると、従来の「童名」だけで人名を表記する方法では、社会・経済・文化の発展により不具合が生じてきたというわけです。

和名の「家名」

17世紀に入ると「童名」は公的な名前としての地位を新たに生まれた「名乗《なのり》」に譲って、成人するまでの正式名称となりました。ただし成人後も、身近な親しい間柄では使われていたようです。

そのため、公的な名前の表記方法は、

「家名」＋「位階」＋「名乗」

となりました。この三つをセットにして「和名《わめい》」といいます。

近世琉球の政治家である羽地朝秀の「和名」は、

「羽地　按司　朝秀」


となります。「羽地」が家名、「按司」が位階、そして「朝秀」が名乗です。ちなみに羽地朝秀の童名は「たるかね」です。

和名の先頭にやってくる「家名」ですが、現在の「苗字」に似ていませんか。

田名氏は、〈詳細に見るならば、初め所属なり出身地を指したであろうと考えられる家名に相当する地名が、何時頃から領有する采地名、所謂領有する「さとぬしどころ」の所属する村あるいは間切そのものを意味する様になったのか…今後の研究の進展に負わねばならぬ部分〉であると述べています（田名前掲）。つまり当初は「所属」や「出身」を表す地名であった家名は、時期は不明ですが領地である「さとぬしどころ」の地名に変化したということであり、いずれにせよ地名に由来するものであることがわかります。

さて歴史上の人物の家名を挙げてみると、前述の羽地朝秀は「羽地」、具志頭親方蔡温は「具志頭」、名護親方は「名護」、牧志朝忠は「牧志」で、現在の「苗字」にも通じるものです。しかし家名には現在の苗字と大きく異なる点があります。それは、必ずしも代々受け継がれるものではないということです。

家名は、領地の地名を表しているので、領地が変わると家名も変わります。具志頭親方蔡温の家名は「具志頭」ですが、始めは父の家名である「志多伯《したはく》」を名乗っていました。その後、「神谷」「末吉」と変わり、最後に「具志頭」となります。ちなみに領地がなくなった場合は、最後に名乗っていた家名を子孫が受け継いでいきます。

このように家名と現在の苗字は、同じものではありませんが、この後の明治時代に戸籍法が施行されたときには、士族たちは当時名乗っていた家名をそのまま戸籍に登録したと考えられますので、現在の沖縄の苗字と大きな関わりがあるといえます。

「名乗」の特徴

公的な名前となった「名乗」は、この後に登場してくる琉球王府時代の「姓」と密接な関わりがあるので、少し説明しておきたいと思います。

名乗は、日本や薩摩との関わりで生み出されたと考えられますが、大きな特徴があります。それは名乗の最初の文字である「名乗頭《なのりがしら》」で、門中とよばれる父方の血縁集団で共通の字を使用することになっていました。つまり名乗頭を見ると、どの門中に所属している人か大体わかるわけです。「大体わかる」というのは、別々の門中が同じ字を名乗頭としている場合があるからです。

ちなみにサツマイモの普及で有名な偉人、儀間真常を例にとって見てみましょう。彼の名乗は「真常」で、名乗頭は「真」です。儀間真常と同じ門中の男性の名乗は、必ず「真○」となるわけです。

田名氏は、「名乗」が成立した要因と時期を、〈多分に薩摩（日本）の影響が考えられるだろう。…薩摩との関係の緊密化により、あるいは慶長の役前後には既に名乗の使用が開始されていたのかもしれない〉と述べています（田名前掲）。日本との外交関係により、日本風の名前が必要となったのかもしれません。

ちなみに中国人を先祖とする人が多く所属する久米村の士族には名乗頭はなく、名前の名称も名乗ではなく「字《あざな》」といいます。

唐名の「姓」

琉球王府の士族の名前には、前述の和名のほかに「唐名《からなー》」という名前がありました。唐名とは、名前の「唐」の字からイメージできるとおり中国的な名前で、

「姓（シー、ウジ）」＋「諱（いみな）」

で構成されています。ちなみに「姓」の代わりに「氏」の文字を用いることもあります。

では唐名がどのような名前なのか、羽地朝秀の事例を挙げてみましょう。彼の唐名は「向象賢」で、姓は「向」、諱は「象賢」となります。

「唐名」は、田名氏によれば15世紀前半の史料に初めて登場しているようです。その後1689年（尚貞21）に系図座が設置され、すべての士族の家譜《かふ》（家系と経歴の記録）が作成されるようになると普及していきました。

この唐名が使用されるのは、冊封《さっぽう》や進貢《しんこう》などの中国との関わりのある場に限られていました。したがって、中国との関わりのない仕事についていた士族の唐名は、家譜に記録はされますが、一生用いられることがなかったこともあったでしょう。

さて唐名の「姓」は前述したように「名乗頭」と切っても切れない縁があります。羽地朝秀を例に挙げて見てみましょう。

彼の父方の親戚集団、いわゆる「門中」に所属する人々は「向《しょう》」という姓を名乗ります。「〇姓門中」といった名称は、皆さんも見たことがあると思います。そして「向姓」の人たちは、名乗頭に「朝」という字を使うことになっています。

この唐名の「姓」は、和名の「家名」と違って父親から受け継ぎ、そして父方の親戚で共通しているという点で現在の「苗字」に似ています。しかし普段の仕事や生活のなかでは、使われることはありませんでした。そして明治時代の戸籍法施行のときには、士族たちは唐名の「姓」を戸籍に登録しなかったため、すべての公的な場で唐名の「姓」が使われなくなりました。

しかし生き残った唐名の「姓」もありました。それは最後の琉球国王である尚泰の子孫の方々です。おそらく国王には「家名」がなかったため、戸籍登録時に唐名の「姓」である「尚」の字を登録したのではないでしょうか。ちなみに現在尚家の場合を除くと、唐名の「姓」を近代の戸籍に登録したという事例は確認できていません。

「大和めきたる」と「三文字の苗字」について

１６２４年に、沖縄の苗字の歴史を調べる上で、注目すべき事件が起ります。沖縄の歴史に関する本に大変よく取り上げられているので、多くの方が聞いたことがあるのではないかと思います。これは、薩摩から琉球王府に対する苗字に関する命令で、本や資料などによって多少表現が異なっていますが、まとめると次のような内容となっています。

①薩摩が琉球に対して「大和めきたる」苗字を禁止
②目的は日本人と琉球の人々を区別するため
③日本風の二文字の苗字を三文字の苗字に変更させた

①の「大和めきたる」というのは、普通使わないような言葉づかいですが、多くの本や資料で使われています。また、③の「三文字の苗字に変更させた」という情報のなかには、すべての二文字の苗字が、三文字の苗字へ変更するように強制されたと書かれているものもあります。そして、この命令により「従来の苗字は日本風であったのに、独特なものへと変化させられた」という説明がなされているものも多いようです。

それでは、薩摩から琉球に対していったいどのような命令が出されたのかを実際に見ることにしましょう。これは1624年（寛永元）8月20日付で薩摩の家老が連名で琉球国王あてに出した「定」のうちの一部分で、苗字にかかわるとされる部分は次のようなものです。

〈一　日本名を付日本支度仕候者、かたく可為停止事…〉（鹿児島県歴史資料センター黎明館編『鹿児島県史料 旧記雑録後編4』鹿児島県、1984）

「日本名《やまとな》」ですが、日本で使用されている苗字と名前ということでしょう。たしかに日本の名前の使用と日本人の格好をすることは「かたく」禁止されていますが、文面を見る限り「大和めきたる」という表現や、三文字の苗字に限定したというニュアンスは見られません。それでは「大和めきたる」という表現と、三文字の苗字に限定するという命令は、どこからやってきたのでしょうか。

私が確認した近代沖縄の苗字研究の中で、もっとも古い論考は1924年（大正13）に『沖縄教育』という雑誌に掲載された「本県人の姓名に就《つい》ての史的考察」です。これは、有名な沖縄研究者である真境名安興《まじきなあんこう》が書いたものです。真境名が述べている点を整理してみると、次のようになります。

①琉球の人々の名前は古い記録では、本土とさほど相違はない

②薩摩が徳川幕府への工作のために、琉球にさらに異国風にふるまわせた

③その一端として「大和めきたる名」を禁止して、難しくて長い苗字に変更された

例えば…「横田→与古田」、「下田→志茂田」、「前田→真栄田」など

④沖縄の苗字が独特なのは、薩摩の命令以来３００年の間に異様に製造されたため

薩摩の命令の原文にはなかった「大和めきたる」という表現が使われていますね。現在に至るまで多くの人が、薩摩と琉球王府の間の苗字の問題について語る際に使ってきた決まり文句「大和めきたる」という表現の生みの親は、真境名安興である可能性があります。

ちなみにその後、「大和めきたる」という表現を受け継いだのは、金城朝永と比嘉春潮です。おそらく、現在に至るまで「大和めきたる」という表現が多く使われているのは、真境名安興・金城朝永・比嘉春潮の研究をもとにしているからだといえそうです。真境名が、原文の「日本名」を見事にわかりやすくした表現である「大和めきたる」は、名文句としてこれからもきっと使われ続けることでしょう。

次に、三文字の苗字への変更の問題について見てみましょう。先に挙げた真境名の論考では、薩摩によって琉球の苗字が難しくて長い苗字に変更されたとはありますが、三文字に限定されたとは書いていません。しかし昭和初期の資料を見てみると、〈三字姓なるものは一部の人々の考へてゐる様に、必ずしも薩摩の政策「大和めきたる風」禁止の結果のみではなく、その前から唐に倣《なら》ひ、自らも好んで用ひてゐた証拠が段々あるが…〉（金城朝永「沖縄の長い小便」山里永吉編『月刊琉球』7月号　月刊琉球社、1937）とあります。

注目すべきは前半の部分です。当時の「一部の人々」が、三文字の苗字が「薩摩の政策「大和めきたる風」禁止の結果」と考えていたことがわかります。「三文字」という原文にない言葉が、勝手に独り歩きをしているようですが、実際に薩摩の政策によるものなのでしょうか。

この問題に対して田名氏は異なった指摘をされています。薩摩の命令の出た17世紀前半は、苗字に充てる文字が混乱していて一定していませんが、後半になると文字が決まってきました。その当時の苗字には、大和風や二文字の苗字も数多くあり、〈薩摩藩の改姓への圧力はさして働いていない〉というのです（田名真之「姓氏と家譜」沖縄県姓氏家系大辞典編纂委員会 編『沖縄県姓氏家系大辞典』角川書店、1992）。

田名氏の指摘にもあるように、士族の家名にはたしかに二文字のものが多くあります。また大和風の苗字（野崎、上原、平田など）も確認できます。おそらく、薩摩が命令した直後にはそれなりの影響があったかもしれませんが、近代にいたるまで継続して薩摩が苗字の変更を迫っていたというわけではない、というのが真相かもしれません。
したがって現在通説となっているような「薩摩による改姓の押し付け」論については、もう一度検討が必要であると思います。

平民の名前の歴史

次に平民の名前の歴史についてみてみましょう。平民とは士族以外の人々のことで「百姓」とも呼ばれます。士族でなければ商人や職人も、「百姓」となります。

士族の名前の歴史で述べたように、もともと沖縄には苗字に該当するものはなく、名前は「童名」だけでした。

その後、士族は１６８９年（尚貞21）の系図座設置により家譜を持つようになり、士族と平民が制度的に分離されました。平民には家譜はなく、「大和名」や「唐名」もありませんでした。

それでは、平民の名前の歴史はどうなっていたのでしょうか。

平民の名前については、不明な部分が多くあるので、概要だけ述べてみたいと思います。また平民の名前は、地方役人《じかたやくにん》と一般の人々では異なっています。ちなみに地方役人とは、平民の身分ですが役人として間切番所(今の役場にあたるもの)に勤めていた人々です。

地方役人の場合

地方役人の名前は、文献などの記録では次のように書かれているものが多いようです。

「村の名前」＋**「屋号《ヤーンナー》」**

「地名」＋**「位階」**

ここに出てくる「村」とは現在の字《あざ》に相当するもので、「屋号」とは村落内で家や個人の識別に使われる名称です。「地名」は、役人が役職についている期間に与えられている土地の地名であると考えられています。「位階」は士族の場合と同様に琉球王府の位の制度で決められたものですが、平民は按司や親方になることはできません。

「東恩納村　首里ノ屋
城間 親雲上」

このような名前の書き方は、基本的には役職についている間だけです。この「城間親雲上」が辞めると、新しい人が「城間親雲上」になります。ちなみにこの「城間親雲上」も「童名」を持っています。

一般の人々の場合

次に地方役人をのぞいた一般の人々の名前について見てみましょう。文献などの記録では次のように書かれているものが多いです。

「村の名前」＋「屋号」
「童名」＋「地名のようなもの」

具体的な事例では、次のようになります。

「東恩納村 泊ノ屋
こら 登川」

アメリカ人の名前のように、個人の名前が先に来るのです。「地名のようなもの」は、一見すると苗字のように見えます。この「地名のようなもの」が、先祖から子孫に代々受け継がれるものであれば、苗字の性格を持ったものといえます。しかし残念ながら、平民の家系に関する情報は少なく、詳しいことはわかっていません。

■コラム　伊平屋島の孫左衛門

沖縄の伝統的な名前といえば、男性ならば「タラー（太良）」、「サンラー（三良）」、「カマ（蒲）」、「ムタ（武太）」など、女性ならば「カマド」、「カメ」、「ナベ」などがあります。これらの名前は、琉球王府時代には正式名であった「童名」の流れをくんでいるものです。明治時代に入ると少しづつ名前にも変化が起こり、大和風の名前が登録されるようになります。

1918年（大正7）1月18日の琉球新報3面に、面白い記事がありますので、紹介しましょう。

「島尻郡伊平屋島には権兵衛、八助、孫左衛門のような他府県そっくりの名前が多いが、伊平屋島が他の県に近いからだと思ったら大間違い。実は伊平屋島にすむ代書人（今でいうと行政書士や司法書士）がみんな他の県出身で、改名や命名の時に代書人が書いてくれた名前を島民たちがそのまま届出を出すためらしい」（筆者現代語訳）

多少オーバーな表現になっているところもあるでしょうが、たしかに明治末から大正初期の新聞で伊平屋島の人々の名前を探すと「熊次郎」「竹之助」「勇次郎」といった大和風の名前を見つけることができます。

ただし、このような大和風への名前の変化は伊平屋島だけの現象ではなく、程度に違いはありますが沖縄県全域で起こっています。そして現在では、伝統的な名前を持っている方を探す方が難しくなっています。

第二章　沖縄苗字の足跡

第一節　近代の苗字

　1868年（明治元）に発足した明治政府は、近代国家の建設に向けてさまざまな種類の法整備を行いました。近代の苗字は、戸籍法の整備に伴い誕生しました。ここでは、その成立までの流れと苗字の持つ特徴を挙げて、近代の苗字とはなにかを見てみます。

近代の苗字の性格

　近代の苗字は戸籍法（戦後のものとは別）という法律に基づいたもので、従来の武士の苗字とは全く違うものです。その大きな特徴は次の二つです。

① 原則として苗字は変更できない（＊結婚や養子などの場合は除く）。

② 苗字の変更は「復姓《ふくせい》」という先祖の苗字に戻す場合のみ許される。

この特徴ができたのには、日本が近代国家として歩み始めたことと大きな関係があります。日本は欧米列強に追いつくために、近代的な国家建設を目指し、富国強兵を推し進める必要がありました。そのためには政府は国民すべてを把握する必要があります。そして把握した国民から税金を徴収して、徴兵基準に該当する国民男子に徴兵義務を課すことにより、富国強兵を図ろうとしたと考えられます。

ここで苗字の特徴と併せて考えてみましょう。苗字が簡単に変更されてしまうと、国家は国民を把握できなくなってしまい、課税や徴兵事務がうまくいかなくなってしまいます。

また、「家制度《いえせいど》」の存在も見逃せません。「家制度」とは戦前日本の戸籍制度の基本となった制度です。「家制度」で定められた「家」には、戸主とその家族がいますが、戸主は「戸主権」という権利を持っており、簡単にいえば家で一番えらい人です。この「家」は、永続性を尊ぶという性格があります。いってみれば、家が断絶しないように何代にもわたって守っていくことが大事であるというわけです。このような家を守らねばならない原則から考えると、家を表す苗字を変えるなんてことは許されないわけです。また「祖先が名乗っていた苗字は家の出自や系統を表す由緒あるものである」という考え方があり、何らかの理由で祖先と異なる苗字を名のっている場合、祖先の苗字への変更については可能でした。このように近代の苗字の性格は、法律上の「家制度」の影響を強く受けたものとなっているのです。

沖縄近代の苗字誕生のいきさつ

1879年（明治12）3月、廃藩置県により沖縄県が誕生しました。これを受けて他の県ではすでに実施されていた戸籍の整備が始められることになりました。沖縄県は戸籍の整備にあたって、県民に対して「苗字撰定届出方」という布達を12月27日付で出します。その内容は次のようなものでした。

〈旧琉球藩の規則により、しばしば苗字を変更したり、一家の中で父と子の苗字が異なる者がいたりしたが（このようなことは）戸籍上の不都合が少なくないので、これからは理由もないのに軽々しく苗字を変更してはならない。またこれを機会に代々受け継いできた苗字を使うこととし、そのような苗字のない者はあらためて縁故の

ある文字を選んで、管轄の役所へ届け出ること。これらの内容を一般に布達する〉（筆者現代語訳）

（旧藩中制例ニ依リ屡苗字ヲ変更シ或ハ一家中父子苗字ヲ異ニスル者モ有之戸籍上其他不都合不尠候間自今故ナク容易ニ苗字ヲ変更スル義不相成候條此際ニ於テ世襲ノ苗字ヲ用ヒ無之者ハ更ニ縁故アル文字ヲ撰定其所轄役所へ可届出此旨布達候事）

じつはこれが、沖縄における近代の苗字の誕生の第一歩です。さて、この布達の重要な部分は、①苗字変更の禁止と、②苗字を選び役所へ届け出ることです。

①は、今回届け出た苗字を今後は変更してはいけません、ということです。したがって、今まで士族が領地の変更や同姓同名の人がいて不便な場合などに「家名」を変更することがありましたが、それが禁止されたわけです。そして②は、主に百姓の人々に対するもので、士族の持つ「家名」にあたるものを持っていなかった人々に対して、苗字を選んで役所に届け出るように命じたものです。

翌年の1880年（明治13）2月3日には「平民名称ヲ苗字ノ下ニ記載方」、3月11日には「人民願届出書ニ実名使用ノ件」という布達が出されます。

平民名称ヲ苗字ノ下ニ記載方

〈平民の名前は苗字の前に表わすというのが従来の習慣であったが、今後は苗字の下に付けること。これらの内容を一般に布達する〉（筆者現代語訳）

（平民ハ名称ヲ苗字ノ上ニ冠ラセ候旧習ノ処自今通常ノ如ク苗字ノ下ニ据候様可致此旨布達候事）

人民願届出書ニ実名使用ノ件

〈従来人々から提出されるお願いや届け出の書類には、氏名を記入する際に親方や親雲上や筑登之などと書いていたが、今後は必ず実名（＝戸籍上の氏名）を用いること。これらの内容を一般に布達する〉（筆者現代語訳）

（従来人民ヨリ差出候諸願届書へ何々親方或ハ親雲上筑登之等ト相記シ来候処自今必ス普通ノ実名可相用此旨布達候事）

これらの二つの布達のポイントは、「平民（＝百姓の人々）の氏名も、「苗字」＋「名前」という表記をすること」と「届出などの書類では「親方」「親雲上」などの「位階」を名前からはずすこと」です。

琉球王府時代の氏名は、このように段階的な変化を経て、近代の氏名へと変化していったわけです。

戸籍の誕生のようす

さて、戸籍を作成するにあたって、沖縄県ではどのように作業が進められたのでしょうか。沖縄県が各間切の地方役人たちに対して、戸籍調査の監督をするように命じた記録はありますが、残念ながら具体的な作業方法についてはわかりません。

おそらく、琉球王府時代の戸籍にあたるものである『人数改帳《にんずうあらためちょう》』という資料をもとにしながら、作業が行われた可能性が考えられます（金城善氏からの御教示による）。

しかし浦添で戸籍を作成したときのエピソードとして、多和田真助『沖縄 姓名と風土』（沖縄タイムス社、1983）に、〈どうもヤマト出身の役人が何人かいて、戸別訪問で各世帯の戸籍をつくったようである〉という記述が紹介されています。ただし、間切（現在の市町村のようなもの）によって、細かな作業の進め方が異なっている可能性があるので、私はすべての地域でこのような状況だったとは限らないのではないかと思います。

戸籍作成時に登録の手続きを経験した人々は、おそらく各家庭の戸主だったと考えられますが、約130年前のことですので、実際に経験した人から直接教えてもらうことはできません。したがって、当時手続きを経験した人々が子孫に語ったエピソードなどをもとに、少しでも明らかにしていきたいと思います。

苗字の登録

さて苗字の登録について見てみましょう。

士族の人々は、「家名」を苗字として登録したと考えられます。たとえば東風平間切総地頭職であった「義村 按司 朝明」の場合、「義村 朝明」となりました。ちなみに、彼の「唐名」は「向志礼」でしたが、登録された名前には全く反映されていません。

それでは、平民の人々はどうしたのでしょうか。

琉球王府時代の平民の名前は、「屋号」と「童名」「地名のようなもの」で表わされていたことは、すでに述べたとおりです。多くの平民の人々は、「地名のようなもの」、例えば「大家ノ たら 比嘉」という名前があったとすると、苗字として「比嘉」を登録しているようです。しかし、一部の地域の人々は「屋号」を苗字として登録したと考えられます。このことは今まで多くの研究者などによって、すでに指摘されています。

ちなみに「屋号」を苗字として登録したと考えられる人々が多い地域は、旧具志頭村（現八重瀬町）や糸満市の一部、旧与那城町や旧勝連町（現うるま市）などです。なぜ「地名のようなもの」ではなく「屋号」を登録したのかについては、全くわかりません。しかし具志頭村に関係する資料に、私の興味を引く点があります。

「具志頭間切御手入日記」（小野武夫編『近世地方経済史料　第9巻』吉川弘文館、1958）という資料に、1861年当時の具志頭間切の百姓の人々の名前が記録されています。いくつかを例に挙げてみましょう。

A　具志頭間切具志頭村（現在の八重瀬町字具志頭）の名前

「前新垣ノ三良」

「真保栄ノたら」

「喜屋武ノ次良」

童名の下にあるはずの「地名のようなもの」がないのにお気づきでしょうか。これにたいして同時代の他の資料である「子正月東恩納村地割帳」、「南風原間切惣耕作當日記」、「覚」（いずれも小野前載）で、各地域の平民の人々の名前の表記を見てみましょう。

B　美里間切東恩納村（現在のうるま市石川）の名前
「**泊ノ屋 まつ 登川**」
「**川ノ屋 まつ 平良**」
「**しりノ屋 まつ 島袋**」
C　南風原間切宮平村（現在の南風原町宮平）の名前
「**下名護之 武太 仲村渠**」
D　本部間切伊野波村（現在の本部町伊野波）の名前
「**ウツ 仲村渠**」
「**山戸 平良**」

BとCでは、名前の表記は「屋号」＋「童名」＋「地名のようなもの」となっています。Dの本部間切伊野波村の事例では「屋号」が省略されていますが、「地名のようなもの」はきちんと記されています。

もっと多くの資料を調べて比較検討しなければいけませんが、具志頭間切の場合「地名のようなもの」を持っていない、もしくはあまり使用しないといった習慣があった可能性が考えられます。もし「地名のようなもの」を持っていなければ、戸籍登録の時に苗字として登録したくてもできないわけで、かわりに「屋号」を登録したというふうにも考えられるかもしれません。

　実際に具志頭の場合では、資料に出てくる屋号と戸籍に登録された苗字が一致するものが多いです。そうすると、具志頭をはじめとした「屋号」が苗字として登録された可能性のある地域には「地名のようなもの」を持たない文化があったという推測ができるかもしれません。いずれにせよ、さらなる研究と調査が必要だと考えています。

屋号を苗字としたおかしなものとは

　ちなみにこの「屋号」をルーツとする苗字について、沖縄の人々はどのように見ていたのでしょうか。

　苗字誕生から約50年後の大正時代、真境名安興は「本県人の姓名に就《つい》ての史的考察」（『真境名安興全集』第三巻　琉球新報社、１９９３）で〈地方などにゆくと往々その屋号を氏としたものもあるが、之《こ》れには随分滑稽《ずいぶんこっけい》じみたものが多いやうである〉と述べています。

　しかし〈屋号を苗字としたおかしなものが多いようだ〉とは、どういうことでしょうか。真境名の本心がどのようなものであったかは不明ですが、この「滑稽じみた」という言葉から推測すると、おそらく「苗字とは、士族の『家名』のように知念や玉城のような地名からとったものが正しいものであり、それ以外は苗字としてはカッコワルイ」という思いがあったのかもしれません。

苗字の読み方と発音

当時の苗字の読み方はどのようなものだったのでしょうか。じつは簡単そうでとても難しい問題です。ICレコーダーどころか磁気テープもレコードもない時代なので、音声の記録が全く残っていないからです。

そこで頼りになる助っ人に登場してもらいましょう。それは沖縄の標準語的存在であった首里語のうち、明治中期から大正時代にかけて使われた単語とその発音を収録した国立国語研究所編『沖縄語辞典』です。この辞典には地名の発音も掲載されているので、これを参考にすれば当時の苗字の発音も推測できるというわけです。いくつかの事例を見てみましょう。

金城（カナグスィク）

比嘉（フィジャ）
島袋（シマブク）

カタカナでは実際の音をきちんと表せませんが、このようなかんじです。１２０年くらい前の沖縄で「金城さん」に「キンジョウさん」と呼びかけても、おそらく誰も返事をする人はいなかったでしょう。

この頃の読み方の特徴は、①沖縄方言での発音であること、②沖縄独自の漢字の読み方があること、です。

①は先ほど述べたような「比嘉（フィジャ）」があてはまります。のちの標準語と呼ばれる発音であれば「ヒガ」となりますが、しかし沖縄方言では「フィジャ」と発音されます。沖縄方言を知らない人には、「比嘉」という漢字の並びを見て、「フィジャ」という発音をイメージすることは難しかったことでしょう。

②は「カナグスィク」でいうところの「グスィク」のことです。「城」という字は音読みで「じょう」や「き」、訓読みで「しろ」と読みます。「グスィク」という言葉は方言の発音ですが、標準語に言い換えることができない言葉です。あえて言い換えるとすれば「ぐすく」もしくは「ぐしく」ですが、漢和辞典には載っていない読み方です。

苗字のルーツによる分類

このように誕生した沖縄の苗字は、それぞれルーツが異なることがわかります。それでは、ルーツごとに分類してみましょう

①「唐名」ルーツによるもの

尚家のみ

②「家名」ルーツによるもの

士族全般

③「地名みたいなもの」ルーツによるもの

平民に多く見られる

④「屋号」ルーツによるもの

特定の地域の平民に見られる

さて、④の「屋号」ルーツに関する苗字ですが、まだ研究が必要であることは述べたとおりですが、さらに分類が可能であると思われます。田名氏によれば、〈丑番〉・〈海勢頭〉など役職に基づくもの、〈前門〉・〈下門〉など本家と分家の位置関係によるもの、〈森根〉など屋敷の立地する場所にちなむものがあることが指摘されています（田名前掲）。

第二節　ミヤグスクVSミヤギ

このようにして誕生した近代の苗字に変化が起こりはじめるのは、明治中期ごろからだといわれています。沖縄の苗字の読み方が、沖縄方言による読み方から、日本語による読み方へと変わっていく事例が出てきたのです。たとえば「小橋川」という苗字で例えると、沖縄方言の読み方は「クワシチャ」ですが、日本語の読みに従うと「こばしかわ」ないし「こばしがわ」へと変化します。本書ではこの読み方が変化することを「読み替え」と表現したいと思います。

ちなみに現在の読み方のほとんどは日本語の漢字の読みに従ったものであると思われますが、なぜ「読み替え」が行われるようになったのでしょうか。この沖縄の苗字に起こった「読み替え」の謎について、現在確認できる資料をもとに見ていきたいとおもいます。

「読み替え」反対

1912年（大正元）、明治から大正へと時代が変わり、明治の時代を記念する事業や乃木大将の殉死に関する批評が『琉球新報』紙上を連日飾っていましたが、10月7日付新聞の投書欄「読者倶楽部」に少し風変わりな意見の投稿文が掲載されました。投稿者のペンネームは「荻堂生《うんぜうせい》」、本名はわかりませんが、400字詰め原稿用紙にして約1枚半程度と結構長めの投稿文でした。「荻堂生」の意見は、沖縄県人は他府県に行くと苗字の読み方を勝手に変える癖があるが、苗字は地名を由来とするものであるから、読み方を変えると混乱するし、「読み替え」は「滑稽」だからやめた方が良い、というものでした。

それでは当時の沖縄県人は、どのような苗字の「読み替え」を行っていたのでしょうか。「荻堂生」によると、久手堅（クデケン）をクテカタ、小橋川（コハシチャ）をコハシカワ、宮城（ミヤグスク）をミヤギ、砂川（ウルカ）をスナガワ、というように読み替えているというのです。現在の私たちから見ると、ミヤギ（宮城）やコハシカワ（小橋川）という読み方のほうが自然に見えますが、これらは「読み替え」によって生まれた読み方なのです。

「荻堂生」は、苗字の「読み替え」に対してはっきりと反対を唱えています。なおこの投稿文は、私が見てきたなかで最も古い「読み替え」に関する資料です。

「読み替え」上等！

3日後の10月10日、「荻堂生」の投稿文に対して、真っ向勝負が挑まれることになります。同じ投書欄に「荻堂生」への反論という形の投稿文が掲載されたのです。勝負を挑んだのは「宮城生《みやぎせい》」というペンネームの人物ですが、本名はわかりません。この投稿文は400字詰め原稿用紙で約2枚弱という「荻堂生」の投稿文を上回る長さでした。

「宮城生」はまず、「東都」つまり東京に滞在していたときの経験について語り始めます。彼はおそらく東京に行くまでは「ミヤギ」と名乗っていたと思われますが、東京に出てから「ミヤグスク」と「読み替え」したようです。その大きな原因に「不便」をあげていますが、その具体的な事件の経緯は次のようなものです。

友人宅を訪問した時に、取次の女性が出てきたので、「ミヤグスクです」と苗字を名乗りました。しかし女性にとっては、なじみのない苗字なので、なかなか聞き取ることができません。「宮城生」が2〜3回繰り返して「ミヤグスクです」といったところ、女性はようやく聞き取れたようでした。しかしその女性は、「ミヤグスクさんがいらっしゃいました」と言えずに「ミヤクスさんがいらっしゃいました」と言っていたということを、後で友人から知らされました。

このような不快な経験があったので、「宮城生」は常に「ミヤギ」と名乗っているのだと主張しています。たしかに「宮城（ミヤギ）」という苗字は本土にありますし、「宮城県」という県名もありますから、東京で生活するには「ミヤギ」と名乗ったほうが便利だったことでしょう。しかし「ミヤギ」になって、いいことばかりではありませんでした。ある時知人が「宮城生」宛に電報を打ちました。宛名は「ミヤグスク」となっていました。沖縄県在住の知人で、普段「宮城生」が「ミヤギ」として生活しているということを知らなかったのかもしれません。「宮城生」は宛名が違うということで、電報を受け取ることができません。結局、郵便局長あてに、「宛名にある「ミヤグスク」というのは、私「ミヤギ」にまちがいございません」という届出書を書いて、やっと電報を受け取ったというのです。

このような経験をした「宮城生」は、「読み替え」反対派の「荻堂生」に対して、「苗字の読み替えは面白くないし滑稽なところもあるかも知れないが、やむを得ない場合もある」として次のような意見を述べています。

① 次のような「読み替え」は問題ないと思う

・山城「ヤマグスク」↓「ヤマシロ」
・玉城「タマグスク」↓「タマキ」
・兼城「カネグスク」↓「ケンジョウ」

②次のような「読み替え」は、やり過ぎだと思う
・親泊「オヤドマリ」↓「シンハク」
・久手堅「クデケン」↓「クデカタ」
・安里「アサト」↓「ヤスザト」
・久高「クダカ」↓「ヒサタカ」

③沖縄県以外の人と接するときには、沖縄方言の読み方はやめた方が良い
・喜友名「チュンナー」↓「キユナ」
・真喜屋「マーヂヤ」↓「マキヤ」
・牧港「マチナト」↓「マキミナト」
・喜瀬「チジ」↓「キセ」

このように「読み替え」について基本的には賛成ですが、親泊「オヤドマリ」→「シンハク」のような「読み替え」のやり過ぎには批判的な内容となっています。

さて「宮城生」の反論に対して、残念ながら「荻堂生」からの再反論はなく、二人による投稿はお互い1回きりで終了となってしまいました。投稿したけれど内容に問題があったから新聞社が不採用としたのか、それとも投稿する気をなくしてしまったのか、詳しいことはわかりません。しかし二人の投稿文は、当時の「読み替え」についての概要や彼ら自身の意見を現在の私たちに伝えてくれています。

論争の背景をさぐる

ごらんのように「荻堂生」と「宮城生」の意見は異なるものとなっていますが、彼らの投稿文から当時の「読み替え」をめぐる様子を窺ってみましょう。まず当時の苗字の「読み替え」が、①**いつ**、②**どこで**、③**誰が**、④**なぜ**、⑤**どのように**、行なわれたのかを見てみましょう。

①　いつ？

「荻堂生」の「沖縄県人は他府県に行くと苗字の読み方を勝手に変える癖がある」という指摘から、「沖縄県出身者が本土へ渡るようになったころ」という推測ができます。しかも沖縄県外で行われていた「読み替え」が、「荻堂生」が反対意見を投稿しようと思うほどに沖縄県内でも目につき始めていたのですから、沖縄出身者の本土と沖縄の往来が盛んになっていた時期であると考えられます。沖縄の人々の本土への渡航は、明治時代以前にも存在しましたが、琉球王府の役人など一部の限られた人々だけでした。

しかし明治時代に入ると一般の人々を含めて、日本本土へ渡る機会が増えて来るようになります。特に人数が多かったと思われる出稼ぎ者の渡航は、明治30年代ころから増加したようです。出稼ぎ者たちは、現金収入を求めて大阪・関東・九州などへ行きました。そして周辺地域にも広がっていき、その結果として日本各地に沖縄県出身者の集落が誕生していったようです。

したがって本格的な「読み替え」の始まりは、出稼ぎ者が増加した明治末期から大正初期ではないかと思われます。「荻堂生」と「宮城生」の投稿があった大正元年という時期は、まさに本格的な「読み替え」が始まったころであったと考えられます。

② どこで？

「宮城生」の場合、滞在していた東京で「読み替え」を行っています。他の沖縄出身者の事例でも「荻堂生」が指摘しているように、東京や大阪といった「他府県」のそれぞれの滞在先で「読み替え」が行われていたようです。

③ 誰が?

「宮城生」が自らの経験で述べているように、日本本土であまりなじみのない読み方は、何度言っても伝わらず、不便で不快な経験をすることになったでしょう。したがって「宮城（ミヤグスク）」や「金城（カナグスク）」などの本土の人々にとって難読な苗字を持つ人が中心であったと思われます。

④ なぜ?

「宮城生」は不便であったという理由を挙げていますが、日本各地に住んでいた沖縄県出身者が置かれていた社会背景を考えると、もう少し深い理由が隠れているのではないでしょうか。やはり、沖縄に対する差別観の存在が大きな要因であったと思われます。

このために、生活のため職を求めて本土に渡航した沖縄出身者は、就職が困難な状況におかれてしまいます。なかには自らの苗字を隠して偽名を使って就職するということもあったようです。偽名を使うのは違法行為ですが、「読み替え」は違法となりませんでした。

戸籍法では、苗字の読み方に関する規定がなかったからです。そのため、沖縄独自の読み方をカムフラージュする手段として最も手軽な方法であったと思われます。

⑤どのように？

沖縄方言による読み方や、沖縄にしかみられない「グスク（城）」などの読み方を標準的日本語風に改めました。「荻堂生」と「宮城生」の投稿文を見ると、「キンジョウ（金城）」や「タマキ（玉城）」や「スナガハ（砂川）」など現在の私たちにとって自然に感じられる読み方がある一方、「クテカタ（久手堅）」や「シンハク（親泊）」や「ヤスザト（安里）」など、そこまで無理やり変えなくても良いのではないかと思われるものがあります。人々は本土の社会の中でなじみのある読み方に変えることに試行錯誤していたのではないでしょうか。

明治・大正時代の「読み替え」の特徴

時代は明治となり、沖縄の人々が本土へ渡航する機会が増加して、１８８２年（明治15）には、第一回県費留学生として、それぞれのちに自由民権運動を行った謝花昇、沖縄で最初の新聞『琉球新報』に関わった太田朝敷や高嶺朝教、衆議院議員などを務めた岸本賀昌らが東京へ行きました。その後、高等学校や高等師範学校などへの進学者や出稼ぎ者が、続々と本土へ渡るようになります。

彼らは、東京を中心とする本土の社会において「自分の苗字が独特である」ことを初めて知り、沖縄がいかに少数派であるかを強烈に印象付けられたことでしょう。これに対して沖縄県内にいる人々はどうでしょうか。

もちろん県内在住の人々も、本土出身の役人や商人たちと接触する機会はあったはずです。しかしその接触は極めて限定されたもので、自らの生まれ育った文化圏のなかで生活を送るなかで「自分の苗字が独特である」ことを意識させられる機会は、本土の異なる文化圏のなかで生活する沖縄出身の学生や労働者たちとは比較にならない程度の少なさだったでしょう。那覇から離れた地方に住んでいて本土出身の人々と会う機会がない人々にとってはなおさらのことです。

したがって日本本土に住む沖縄出身者と沖縄県内在住の沖縄出身者では、それぞれの「読み替え」を必要とする度合いの違いから、「読み替え」の流行の程度に大きな差があったと考えられます。

「読み替え」と一口にいっても、そのなかにはいくつかの傾向が存在しています。それらの傾向によって、次のような分類をしてみました。

①沖縄方言での読み方が標準的日本語の読み方へ変化
小橋川（「クワシチャ」→「コバシガワ」）
喜友名（「チュンナー」→「キユナ」）
②沖縄独自の漢字の読み方が標準的日本語の漢字の読み方へ変化
金城（「カナグスク」→「カナシロ」）
③音読み（訓読み）が訓読み（音読み）に変化
座安（「ザアン」→「ザヤス」）
比屋根（「ヒヤゴン」→「ヒヤネ」）

学校教育と「読み替え」

　この時期の「読み替え」は、教育の世界でも関心事となったようです。1914年（大正3）3月14日、那覇の天妃尋常高等小学校で小学校教員による研究会が行われました。

　この研究会の協議事項のひとつに〈児童の姓名を呼ぶに地方的読み方を普通的読方（マ

こ〉に改める必要はなきか〉という事項が挙げられました。「地方的読み方」は沖縄方言での読み方を指し、「普通的読方」は「読み替え」のうち、前述の「読み替え」の分類①にあたる標準的日本語での読み方を指すと考えられます。つまり児童の氏名を「読み替え」する必要性について協議されたわけです。

この協議の内容や結果については、残念ながら現在に伝わっていないためわかりません。また、これ以降の協議会などで議題として取り上げられたという形跡も見られません。しかし大正時代の初めに行われていた「読み替え」が、小学校教員の研究会で取り上げられる関心事となっていたことは注目すべきことだと思います。

「読み替え」にとって手ごわい苗字

「読み替え」は難読の氏を簡単に読めるようにする方法として、手軽な手段でありましたが、やはり万能というわけにはいきません。当時の新聞や本にでてくる人名の振り仮名をみると、人々が「読み替え」に四苦八苦する姿が目に浮かぶようです。

それでは「読み替え」の手ごわい相手となった苗字と、その「読み替え」事例を見てみましょう。ここで挙げる苗字の読み方の事例は、明治時代の末から大正時代の中ごろまでの新聞などを中心に収集したもので、カッコのなかのカタカナは沖縄方言での発音です。

仲村渠（ナカンダカリ）
なかんだかり・なかんだかれ・なかんかれ・なかんたかり・なかんらかれ・なかむらかれ
勢理客（ジッチャク）
じっちゃく・せつきやく・せゆりきやく・ぜつきやく・せりきやく・せいりきやく
饒平名（ニュフィナ）
よひな・よへな・のひな・ぬへな・のへな・にうへな・よひな・によへな
平安山（ヒャンザン）
へんざん・へあんざん・へあんざ・へんあんさ
平安名（ヒャンナ）
へいあんな・へあんな・へんあんな・へんな
我如古（ガニク）
がにく・がによこ・がねこ・がにこ

このようにひとつの氏の読み方なのに、いくつも出てくるのはなぜでしょうか。

ひとつには、「読み替え」が統一されていないという問題があると思います。つまり「読み替え」候補がいくつかあるのですが、どれにするかまだ決まっていないということです。したがって同じ「我如古」でも、Aさんは「がねこ」と「読み替え」して、Bさんは「がによこ」と「読み替え」するという風に、人によってバラバラな状況だったのではないでしょうか。

もうひとつは、発音を文字で表すということの難しさです。たとえば「饒平名」という苗字の場合、読み方に挙げている「ぬへな」と「にうへな」は、ひょっとすると口で発音すると同じなのに、その音を文字に表すときに使う仮名が違ってしまったという可能性があるかもしれません。本来「ニュフィナ」という発音の「ニュ」という発音を表すために、Aさんは「ぬ」という文字を使い、またBさんは「にう」という文字を使うということになれば、このようなことが起こってしまいます。

このように、「読み替え」が一筋縄ではいかない場合もあったので、苗字の読み方の表記が定まるまでにはもう少し時間がかかることになるのです。

第三節　「読み替え」をめぐる社会と人々

すでに紹介した「荻堂生」と「宮城生」の論争は、1回限りで終了してしまいました。しかし大正時代になって、少しずつではありますが、先に述べた那覇の教員研究会での「読み替え」協議といったような、苗字や「読み替え」に関する記事が、ちらほらと新聞や雑誌に現れてくるようになります。

ここではそれらの記事を見ながら、「読み替え」をめぐる社会と人々のようすをうかがってみたいと思います。

沖縄から「異議あり！」

先ほど登場した「宮城生」から、沖縄の苗字が特殊であるという意見がありました。しかし特殊な苗字は、なにも沖縄に限ったことではありません。このことについて、沖縄出身者はどう考えていたのでしょうか。当時の『琉球新報』の3面に連載されていたコラム「飛耳張目」のなかに、そんな疑問に答えてくれる文章がありました。

〈丹親欣（那覇警察署長）氏の名前は中国人みたいだ、松原一一（沖縄県警務課長）氏の名前もヘンテコ、沖縄県人の姓名も変なものがあるが、他府県の人の姓名だって変なものがある。挙げてみれば、前田狐狸狗馬、斎藤龍麒■、辻演武、古閑健、天宅政吉、寿摩一男、田坂健而老、熊野御堂七郎、■久刀川於菟なんていうのは奇抜じゃないか〉（1914（大正3）2月4日　■は判読不明、筆者現代語訳）

「飛耳張目」のコラムのテーマは、当時の事件や社会状況などが多いのですが、苗字問題が取り上げられたのは、おそらくこれが初めてだと思われます。文面はなかなか激しいもので、「売り言葉に買い言葉」という感もありますが、たしかにそのとおりです。特に苗字は地域性のあるものが多いので、他の地域からみると「ヘンテコ」に見えることもあるでしょう。しかし、このように「そっちだってヘンテコじゃないか！」と、沖縄側から反論する姿勢が見られる資料はとても少ないのです。

苗字と地名の「大和民族化《ジャパナイズ》」

「読み替え」は苗字だけでなく、地名にも影響を及ぼしていたようです。その当時のようすを的確に表現している文章がありますので、ご紹介しましょう。

〈読者諸君、ウフチユンをオホナカと読まさねば承知せぬ文明は終《つい》にヤーチウ新垣ヤーチウ兼島を鍼灸術の技師として了《しま》ひ…〉（『琉球新報』「偉大なる二十五年」１９１７年（大正６）９月24日　フリガナは筆者による）

この「ウフチユン」・「オホナカ」というのは地名なのですが、どこだかわかりますか。正解は、現在の那覇市首里大中《おおなか》町のことです。大中は方言ではウフチュンと発音します。つまり従来はウフチュンと発音していたのに、オオナカと「読み替え」られたというのです。この「読み替え」事例は、あくまでお灸で有名な「ヤーチウ新垣」と「ヤーチウ兼島」という人たちの方言での呼び方が「鍼灸術の技師」と変わってしまったことを言いたいための前振りではありますが、実に興味深い内容です。続いて、このような記述があります。

〈成程《なるほど》かくして組織化されつゝあるのか人の名も村の名も散々《さんざん》にもぢられて大和民族化《ジャパナイズ》されつつある…〉（ジャパナイズ以外のフリガナは筆者）

人の名前も地名も散々に本土の言葉に似せて表現されて「大和民族化《ジャパナイズ》」されつつあるというのです。「読み替え」はたしかに、沖縄における「大和民族化《ジャパナイズ》」を象徴する代表といえるでしょう。

この文章を書いたのは、東恩納寛惇です。この「偉大なる二十五年間」という文章は、琉球新報が発刊25周年を記念して特別編集を行った紙面に掲載されているものですが、明治末期から大正にかけて「読み替え」が広がっていた状況が見事に表現されており、興味深い内容となっています。

大正時代に起こった地名の「読み替え」事例を、もう一つ紹介しましょう。

「国頭」という地名は、もちろん皆さんご存じだと思いますが、「くにがみ」と読みます。しかし以前は「クンジャン」と読んでいました。有名な「国頭サバクイ」という芸能は、「クンジャンサバクイ」と読みますね。変更されたのは1919年（大正8）のことでした。ただし「クンジャン」という呼び方が一斉に「くにがみ」に切り替えられたのかというと、そうでもないようです。年配の方から昭和戦前期に関する聞き取りをしてみると、「『くにがみ』だけど、『クンジャン』とも言っていた」という情報が意外に多いです。変更から約20年たっても「クンジャン」支持派がいたとは、やはり使い慣れた言葉は簡単には変えられないのですね。

さて、地名の「国頭」の正式な表記は「くにがみ」となりましたが、苗字の「国頭」はどうなったのでしょうか。当時の国頭さんを代表して島尻郡出身の男性である国頭さんの事例を見てみましょう。

国頭さんは、地名が「くにがみ」に変更される直前の１９１８年（大正７）に出稼ぎのためにペルーに渡ります。このときの国頭さんのパスポートには「くんちゃん」と記されています。その後、国頭さんはペルーから沖縄に戻ってきますが、１９３１年（昭和６）に再びペルーに渡ります。その時のパスポートには、なんと「Kunigami（くにがみ）」となっているのです。地名が「読み替え」されたので、苗字も「読み替え」されたのですね。

「大グスク」と呼んだら罰金

「読み替え」が次第に広まっているようですが、混乱するようなことはなかったのでしょうか。そんな状況を教えてくれる話があります。

〈大城さんは、県庁の産業課に勤務する技師です。大城技師は勤務先の人々から、「大《おお》グスク」と「大《おお》シロ」という二通りの読み方で呼ばれていました。勤務先では、読み方が二通りあるのは煩わしいということで、大城技師のことを「大シロ」と呼ぶことに決めました。そして、もし「大グスク」と呼んだら罰金としてビールをおごらせることになっているそうです〉（筆者現代語訳）

当時の『琉球新報』の3面に連載されていた「色鉛筆」（1917年（大正6）11月27日）という一口話のコーナーで紹介された話です。それらのコラムは、面白おかしく書かれているので、話が大分脚色されているようなものもありますが、このようになかには当時の状況を垣間見せてくれるものがあります。

主人公である大城技師についてですが、『職員録』（印刷局、1918）によれば、大城朝詮という人物で、林業技師として勤務しています。当時県庁で林業に携わる職員は6名確認できるのですが、うち2名はその氏名から本土出身者と思われる人物です。沖縄出身者と本土出身者が一緒に勤務している職場ですから、「大グスク」と「大シロ」という二つの読み方が出てきてもおかしくはありません。当時の沖縄では、本土出身者と沖縄出身者が一緒に働く職場において、同じようなことがあちこちで起こっていたかもしれません。

ちなみに大城朝詮は、帝国大学農科大学の林学科（現在の東京大学農学部）を1891年（明治24）に卒業して、農商務省（現在の農林水産省と経済産業省をあわせたもの）に入りました。そして長野や東京などで約8年間勤務した経験を持っています（楢原友満『沖縄県人事録』沖縄県人事録編纂所、1916）。ですから御本人は、本土滞在の経験を通じて「大シロ」という呼び方の方が慣れていたかもしれません。

資料からわかること

大正時代の沖縄県の人々が、苗字や名前に対してどのような意見を持っていたのか、そして地名や苗字の「読み替え」がどのように行われているのかが、資料を通して垣間見ることができたと思います。

ただし、これらの資料を読むにあたって注意すべきことが一つあると思います。それは那覇と、それ以外の地方の村々との地域差の存在についてです。新聞や雑誌が刊行される中心は那覇ですので、掲載された話題は那覇のものが多いです。資料を読んでいると「読み替え」の流行が、全県的に同じように起こっていると錯覚してしまいますが、あくまで那覇の話であり、国頭や沖縄本島付近の離島、宮古や八重山でも同じ状況であると考えてしまうと各地域の本当の姿が見えなくなってしまいます。

残念ながら那覇以外の地域の情報は乏しいので、はっきりしたことはいえませんが、「読み替え」つまり東恩納がいうところの「大和民族化《ジャパナイズ》」には地域差が存在していたと考えた方が良いと思います。

海外・移民先での沖縄の苗字

沖縄の苗字は明治末期ごろから、本土ではもちろん沖縄県内でも少しずつ「カッコワルイ」と思われるようになってきました。ちなみに、沖縄県は海外移民を多く送り出したところとして有名ですが、それぞれの移民先で、沖縄の苗字はどのように思われていたのでしょうか。ここではハワイと台湾を例にとってみましょう。

①ハワイのようす

沖縄県からハワイへ移民が始まったのは、１８９９年（明治32）年です。その後１９４５年（昭和20）までに、約２万人が移民したといわれています。この移民の数はブラジルの約２万５千人に次いで二番目の規模です。そのハワイでは、沖縄県の苗字はどのように見られていたのでしょうか。社会言語学者の比嘉正範氏は〝Uchinanchu : A History of Okinawans in Hawaii〟という本のなかで、そのようすにふれています。

〈沖縄特有の苗字は、ウチナーンチュに対して偏見をもたらすもう一つの要因となりました。ウチナーンチュの名前の聞きなれない響きは、彼らが必要以上に日本本土的に「読み替え」をしようとする結果を招くことになりました。ハワイでは儀武は「ヨシタケ」、山城は「サンキ」、喜屋武は「キヤタケ」や「キヤブ」、安次富は「アジフ」、津嘉山は「ツカヤマ」、桃原は「モモハラ」といった具合に発音しました。しかしウチナーンチュが経済的に裕福になり、それぞれがついた職業で活躍しはじめると、変わった苗字だと感じることはなくなっていきました〉（原文英語　筆者和訳）

（「Ethnic Studies Oral History Project United Okinawan Association of Hawaii, A History of Okinawans in Hawaii」Honolulu,1981 p.42）

やはり、日本国内と同じような傾向があることがわかります。しかし、ハワイの沖縄県系人の苗字は、ある事情から興味深い進化をたどります。その事情とは、漢字ではなくアルファベットで氏名を表記するようになったことです。たとえば「ミヤグスク」という苗字を漢字で書くと「宮城」となります。「宮城」は「ミヤグスク」・「ミヤギ」・「ミヤシロ」とさまざまな「読み替え」をすることができます。

しかしアルファベットで先ほどの苗字を表すと、「Miyagusuku」・「Miyagi」・「Miyashiro」となり、すべて別の苗字になってしまいます。つまり一度アルファベットで登録してしまうと「読み替え」ができないのです。そのため、ハワイの沖縄県系人の苗字には、移民一世が登録した、その当時の読み方が残されていると考えられます。そのなかには、沖縄ではすでになくなっているか、ほぼ絶滅状態にあるような読み方が残されているものもあるのです。

例えば「上原」さんが「Uyehara」と表記されている事例があります。現在ならば「うえはら」と読み、「Uehara」と表記します。しかし移民一世当時の発音のまま登録されたため、「y」が入り込んだのだと思います。また「上運天」さんの場合では、「Uyeunten」となっています。現在ならば「かみうんてん」さんと読んだ方が自然ですが、「読み替え」以前の「うえうんてん」という読み方が残されているわけです。ちなみに明治時代の読み方を再現すると「ウィーウンティン」となります。なお、このような傾向は、ペルーやブラジルなどアルファベットを使用する国に移民した人々に共通してみられます。

② 台湾のようす

台湾は、日清戦争で敗北した清から1895年（明治28）に割譲されました。その台湾に最初に渡った沖縄県出身者は、警察官などの募集に応じた人たちでした。その後、学校の教員や鉄道や港湾の建設作業員など、そして行商に携わる女性なども台湾へと渡りました。台湾植民地などの研究者である又吉盛清氏は、台湾在住の本土出身者から沖縄県出身者に対する差別と偏見があったことを指摘しています。

〈沖縄人の就職状況は、領有当初は、「内地人」経営者の出す従業員の募集広告に、「従業員募集但し、琉球人台湾人は除く」という扱いをされたこともあった〉（又吉盛清『日本植民地下の台湾と沖縄』沖縄あき書房、1990）。

先ほど述べた本土での就職拒否の事例とよく似ています。このような差別と偏見を沖縄県出身者はどのように乗り越えようとしたのでしょうか。それは氏名の変更と転籍でした。転籍とは、本籍を別の場所に変更することです。つまり、沖縄特有の苗字や名前を変え、本籍地から「沖縄県」を消したわけです。しかし又吉氏によれば、ここまでやってもバレてしまうと就職を断られ、実力があっても出世できないという事例があったというのです。

どうも沖縄の苗字は台湾でも良いイメージがないようですが、一部ではそうでもなかったようです。その人たちのことを又吉氏は次のように紹介しています。〈しかし、沖縄人を取り囲むこのような状況の中でも最後まで沖縄人であることを隠すことなく活躍し「出世」した者も多かった〉（前掲又吉）。

そしてそのなかには転籍や氏名を変更した沖縄出身者を「転籍人種」と名付けて、〈自分自身のことばかりを考える独善主義者で、立派な社会人ではない〉（前掲又吉）という評価をした人もいました。しかし「転籍人種」と呼ばれた人々について、又吉氏は自分の身を守るための「身分隠し」を行った人がいる一方で、〈台湾植民地支配における日本人の優位性、威厳を保つという名目の下〉で転籍や氏名の変更を強制されて、やむを得ず行った人々がいたことを明らかにしています。どうやら沖縄の苗字は、台湾でも日の当たらないところを歩かなければいけなかったようです。

第四節　近代の沖縄の名前

ここでは、苗字から外れて、名前について述べてみたいと思います。沖縄県となる以前の琉球王国時代の命名のシステムをかいつまんで言うと、士族の男性の場合は幼少期に「童名（ワラビナー）」、成人後に「名乗（なのり）」という名前を使用するというものでした。士族の女性と平民の場合は一生涯を通じて「童名」を使用しています。

一般的な「童名」を挙げると、男性の場合〈蒲戸（カマドゥ）〉・〈加那（カナー）〉・〈山戸（ヤマトゥ）〉など、女性の場合〈ウシ（ウシー）〉・〈ナベ（ナビー）〉・〈ゴゼ（グジー）〉などがあります。士族の場合はこれに「真」・「金」などの美称を付けて〈真蒲戸〉〈蒲戸金〉といったように変化します。

ただし、人類学者の高田峰夫は「童名」のバリエーションについて、「本来限られたストックから成り立っていた」として「地域的分布の違いがあるから一概には言えないが（中略）数十からせいぜい百程度」（高田「琉球列島における命名法の一考察―童名の命名法を中心として―」『日本民俗学』１７４頁、１９８８）と推測しています。つまり沖縄の「童名」はバリエーションに乏しかったため、その結果として多くの同名者が発生していたと考えられます。

通称で事足りる

さて戸籍法施行により誕生した近代の名前ではどうなったかというと、依然として同名者が多いという問題が残されていたようです。「戸籍訂正願」と題された記事が、1998（明治31）年7月19日付『琉球新報』に掲載されたが、その内容を見てみましょう。

〈本県にては同姓名のもの多き為め、徴兵適令者の届け出て、亦（ま）たは郵便物発送に甚だ不都合を感するとて、這回各郡区役所に於ては、戸籍訂正願を差出すべき旨告示せり〉（読点は筆者挿入）

つまり、多くの同姓同名者が存在することにより、徴兵および郵便事務に支障が出ていることから、改名の戸籍訂正願の提出を勧めたものです。

この4年後にも「宮古たより」と題して、宮古郡（当時）の現況を報じた記事に同様の記載があり、おそらく行政側は全県的に改名を勧誘して、同姓同名者をなくす方針であっ

た と考えられます。
さてこの勧誘の効果についてですが、これ以降の時期にも同集落で同姓同名者が存在する事例が散見されます。なかには親子や兄弟で同姓同名の事例も存在しているようです。改名を勧める根拠は、徴兵と郵便事務の改善であることから、所詮行政側の都合に過ぎなかった可能性が考えられます。従って「ウフヤー（＝屋号）・タラー（＝名前）」、「カンジャー（＝鍛冶屋）・カマー（＝名前）」など、屋号や職業名などを組み合わせた呼称で生活する一般層にとっては、特に生活に困ることはなかったのではないでしょうか。

新聞で広告も

ただし、改名を行う人が出てきたことも事実のようです。当時の新聞に、改名者が改名を知らせる広告が掲載されるようになったのです。〈樽〉や〈三良〉などの「童名」と思われるものから、〈清昌〉や〈朝正〉のような士族の名前である「名乗」風の漢字二文字の名前に変更する事例が多いようです。
改名の理由は各々異なるでしょうが、戸籍に「童名」を登録した士族の子供が成人したことに伴って、王国時代同様に「名乗」に変更する意識で改名した事例が多いようです。

これを裏付ける当時の資料を見てみましょう。

〈士族の子弟中、戸籍面に幼名を届け出で、名乗名を持たざるもの多し…多くは他日改名の卵子を胚胎するものにして、この子弟成人となるの日、祖先伝来の通り字とか、何とかの理由によりて終に名乗に変換するなり、戸籍上の煩雑甚しと云ふべし〉

（榕陰生「本県人士の名に就きて」知念信愛 編『琉球教育』第68号、沖縄県私立教育会、1901）

また、平民が士族の「名乗」風に改名した事例もありました。これについては「近来平民にして改名するものには、音読的名乗名が多い如何なる訳にや」（同前）とあり、士族の名前であった「名乗」の慣習が一般層に普及している状況がうかがえます。

和風奨励

このような状況であった明治30年代の沖縄の名前であるが、『琉球教育』という雑誌に掲載された氏名に、興味深い現象が見られます。1987（明治30）年に刊行された『琉球教育』第18号に、六週間現役兵として入営する沖縄県師範学校の卒業生の氏名が紹介されているのですが、その名前の部分だけに訓読みでルビが振られているのです。後に尋常小学校長を歴任した安村良公は〈良公〉に「よしただ」、国仲寛徒は〈寛徒〉に「ひろもと」、尚家の家扶となる嵩原安佐は〈安佐〉に「やすもり」といった具合です。各人の名前の読み方は、『琉球教育』以外の資料によれば、安村良公は「りょうこう」、国仲寛徒は「かんと」、嵩原安佐は「あんさ」となっています。

このような一見、公家や江戸期の大名の名前のような訓読みのルビは、1900（明治33）年ごろまで、断続的に『琉球教育』誌上に見ることができます。当時、人名は音読みであったと思われますが、なぜこのような訓読みのルビが振られているのでしょうか。『琉球教育』は、1886（明治19）年に組織された教育団体である沖縄私立教育会の機関誌ですが、この時期に雑誌編集に当っていた人物のなかに、新田義尊という人物がいます。新田については、照屋信治氏の研究（照屋「『琉球教育』（1895〜1906）にみる沖縄教育の原型：新田義尊の沖縄教育論とそれへの対応」）が詳しいので見てみましょう。

〈新田は、一八九三年一一月二一日から一九〇二年五月一日の約十年間、沖縄県尋常師範学校教諭を勤めた人物だが、在任前後の経歴は殆んど不明である。広島県士族出身であり漢文・歴史の教師であった。師範学校教諭という立場は沖縄の教育界の指導的地位にあったということである。『琉球教育』の創刊にも関わり、長く編集にもたずさわっていた。〉

さらに、新田は『琉球教育』誌上で「沖縄は沖縄なり琉球にあらず」という論考を発表したことでも知られています。この論考について照屋氏は、「国体論を前提に沖縄を日本社会に組み込もうとする彼の思考」を核とした「彼の沖縄論をよく示している」と指摘します。その新田が、沖縄の童名に言及する部分があるので紹介しましょう。

〈本県の田舎辺へ参りますと、太郎（タルウ）とか、太郎小（タルガアア）とか、次郎（ジラアア）とか、三郎（サンラアア）とか、松（マチヤアア）とか、亀（カミイ）とか、蒲（カマアア）とか、鍋（ナビイ）とか、鶴（ツルウ）とか、国粋を其儘保存といふ人びとのみで御座りますが、是等の人々には、鹿爪らしき実名、即ち名乗等でもなく、天真爛漫として、歴世簡単なる名称を用ひ来りましたが、是等純潔の人は、支那名も持たず、又琉球も知らず、其脳髄には唯「オチナハ」といふことだけを心得居るのみにして、

純然潔白なる日本人種にして、日本言語中に生活し来れる人で御座ります〉

新田は、本来沖縄の人々は中国風の名前などは持っておらず、「日本人種」であり「日本言語」で生活していると主張しています。童名のルビが「カメ」ではなく「カミイ」といったように沖縄での発音になっていますが、新田にとって重要なのは、音読みではなく訓読みであった点であると考えられています。自身の解釈による「日琉同祖論」を強く提唱する新田が、人々にとってなじみのない訓読みの名前の読み方の「啓蒙」を行っていた可能性があるのではないでしょうか。

このような強烈な新田の個性は、生徒にはどのように映っていたのでしょうか。

〈歴史科担任の先生に黒髯茫々たる新田先生が居られた。新田義貞の後裔だと度々自称せらるゝことを耳にした。歴史の講義中時偶悲憤慷慨の叫びに時を移し、恰も幕末憂国の志士を偲ばせるものがあつた。先生は随時思出したやうに「守礼門と中山門は琉球人が二本の簪を差したやうなものだ。あれを取除かなければ琉球人の文化は進展するものではない。」と二門倒壊の主張者であつた。若人達は先生の明論（？）に共

鳴感激したものも尠くなかつた。〉
（諸見里朝清「回想断片」松本完栄編『沖縄県師範学校創立五十周年記念誌』、沖縄県師範学校学友会、1931）

生徒のなかには「共鳴感激したものも尠くなかった」とあり、新田の影響の大きさが窺えます。名前の訓読みのルビが、新田の指示のもとに行われたという記録はありません。しかし彼の主張に沿うものであり、その可能性は十分にあるのではないでしょうか。
新田は1902（明治35）年5月に休職を命じられ、翌6月に沖縄を去れます。照屋氏は「休職に追い込まれたのは、首里閥の人々の社会的圧力によってであろう」と指摘しています。沖縄で訓読みの名前が定着しなかったことは、ある年齢層以上の男性名が圧倒的に音読みであることからも明らかです。しかし、もしも新田の主張が主流となっていたら、訓読みの名前が定着していたかもしれません。

改名相談と姓名判断

1909（明治42）年10月26日付『琉球新報』投書欄に、改名の問合せが掲載されました。その内容は、投稿者が近く本家と養子縁組するに当たり、名前に決まった文字を用いる風習を復活させようと考えて改名を届け出たが当局から却下されたとして、読者に対して改名の先例を紹介してほしいというものでした。

投稿文によれば、本家では決まった文字を用いる名付けの風習が守られているという。しかし投稿者の家は分家筋で、田舎暮しであった祖父の代から名付けの風習を失っており、移り住んだ土地の風習に従って〈鍋助〉とか〈兵二〉といった名付けがされているという。そのため、改名できないまま本家を継いでしまうと、本家が代々守ってきた「家風」を壊してしまうことになり、投稿者は「如何にも心細き次第」であるというのです。

ちなみに、投稿者の名付けの習慣に関する説明から、この一族は士族であり、投稿者の祖父は廃藩置県前後に地方へと移動した「屋取（ヤードゥイ）」の居住人であった可能性が窺えます。

後日、この投稿に対する回答はなく、この投稿者の改名騒動の結末も不明ですが、本土風の名前へと移行する流れがある一方で、王国時代の慣習を維持、さらには復古する動きがあった可能性が窺えます。この慣習の維持は現代でも見られるもので、士族の子孫である人々が、門中で共通の〈朝〉・〈真〉・〈宣〉などの「名乗頭」という一字を、名前の頭文字に用いている事例が確認できます。

姓名判断の流行

さて大正時代に入ると、姓名判断が沖縄で流行したことが新聞紙上から窺うことができます。姓名判断とは、その音や画数などから、人の運勢などを判断しようとするものです。京都文教大学の小林康正氏の指摘によれば、本土では明治末期から流行していたようで、その波が沖縄にも波及したのでしょう。1919（大正7）年2月10日『琉球新報』に「色鉛筆」という小話のコーナーで、姓名学に関する話題が取り上げられています。

記事の内容は、沖縄実業銀行で姓名学が流行、早速〈潔〉とか〈勉〉などに改名している連中がいると述べて、「護得久君」は「父祖の付けた名」を固く守って「改名党」に加入しなかったが「与儀喜英君」は「喜」の文字が「女難の相」と言われて迷っているというものでした。

ちなみに同時期に紙上には、「顕密加持祈祷所　易断及姓名鑑定」の広告が掲載されている。鑑定を行うのは高橋智海という人物でした。高橋の詳細は不明ですが、鑑定所の住所である天妃町にあった天台宗龍華院の住職が同姓であり、僧侶が姓名判断に関わった可能性も考えられます。

しゃれてモダン

ここで女性の名前に起こった変化についても触れておきましょう。女性の名前は〈カマド〉〈ナベ〉のような童名など沖縄に特徴的なものでしたが、学校に通学する女子生徒の間で改名が始まりました。改名された日本風の名前は、学校名（ガッコウナー）と呼称されています。

『なは・女のあしあと 那覇女性史（近代編）』によれば「小学校の入学とともに〝学校名〟に改名するようになったのである。勝子、初子、苗子、芳、静江というように、日本的な名前への改名であった」ようです。

1902（明治35）年生まれの金城芳子は「私が幼稚園のころの女の子の名は、ほとんどモウシ、ツル、ナベ、カメ（中略）だった。それが女学校のころは同じ人がカオルとか、ヒデ、栄子とか、大和名に変わっていた」と述べています。また当時の様子について「ただ女の子だから目新しいものはしゃれていてモダンという感覚があって、年ごろになるとヤマトグチも東京弁に近く使おうとする努力もあった」として、金城自身も親しい友人との文通で「おたがいに苗字の頭の字をとってチーちゃん（知念）、フーちゃん（譜久里）と呼びかわしてロマンチックな気分にひたった」という。このように戸籍名以外でも本土風の愛称を真似ることが一種の流行となっていたようですが、「それが行き過ぎるとハイカラーとか、ヤマトフーナーとまわりからひやかされた」とも述べています。

この「学校名」の流行の影響のためか、１９１８（大正７）年に開催された島尻町村長校長会では「改名願に関する件」という議題が提出されています。詳細な議事内容は伝わっていないが、当時流行していた学校名に関連するものであったかもしれません。

また学校の生徒以外にも、改名する女性が増加したようで、前掲『なは・女のあしあと』によれば、「女性たちの場合は移民や出稼ぎが盛んになるにつれて改名する人が増え、大正末期から昭和にかけて一層活発になった」と指摘されています。

■コラム　不思議な名前

人は戸籍に登録された本名以外にも、名前を持っていることがあります。画家なら「雅号」、俳優ならば「芸名」を持っています。では、そのような特別な職業や趣味を持つ人でなければ持っていないかというと、そうではありません。友達同士で使う「あだ名」もそうですし、新聞や雑誌に投稿するときの軽い感じの「ペンネーム」もあります。

明治から大正にかけての『琉球新報』には投稿欄が設けられていて、およそ100年前の人々のペンネームを見ることができます。そのなかには「兎耳兵衛」（ウサギのように早耳？）とか「ふられ男」（御気の毒に…）といった面白いものがあります。

このような笑えるペンネームが多いなかで、不思議なペンネームがありました。その名も「首里の三八五四九生」。首里の人で、「生」はペンネームの最後につく文字だというのはわかりますが、「三八五四九」の部分は謎かけのようです。私はこの「三八五四九」を「みやごしく」と読むのではないかと考えました。そして「みやごしく（三八五四九）」は「ミヤグシク（宮城）」をもじったものではないかと推理しました。

この当時は「宮城」という苗字は、沖縄県内では「ミヤギ」と呼ぶよりも「ミヤグシク」と呼ぶ方が多数派であったようで、同時期の新聞のフリガナを見ても「ミヤギ」というフリガナはありません。私の推理が当たっているならば、当時の時代背景を窺うことができるペンネームであるといえます。たかがペンネームかもしれませんが、ものすごいヒントを隠し持ったタイムカプセルなのかもしれません。

第三章　苗字改造計画案

第一節　北大東島からの提案

明治から大正にかけて、沖縄の苗字に「読み替え」という変化が起こりました。また新聞紙上にも「読み替え」に関する記事が掲載されましたが、この「読み替え」は出稼ぎ先などで各自が思い思いに行ったもので、一定の方針に添った計画的なものではありませんでした。このような状況に対して、ある人物の手によって作り上げられた苗字改造計画が、新聞紙上を通じて発表されるのです。

北大東島からの提案

１９２０年（大正９）10月22日の『沖縄朝日新聞』に、「姓名の呼方改善」という「読み替え」に関する提案を主題とした記事が掲載されました。

執筆者は「北大東島にて　改造生」となっていて、氏名はわかりません。記者のペンネームなのか、それとも寄稿者もしくは投稿者のペンネームなのかも不明です。しかし、これまでに掲載された記事とは、筆者の視点や改造方針の明確さという点で注目すべきものですので詳しくご紹介しましょう。

改造生は、沖縄県の文化が向上発展するためには、「服装の改善」や「普通語の普及」は重要なので、そのための「風俗改善会」や「普通語奨励会」が開催されることは大いに良いことであると評価していますが、その一方で「姓名の呼方の改善」について、沖縄県民はあまりにも無関心なのではないかと指摘します。とくに指摘のやり玉に挙がっているのは「有識者階級」の人々です。どのような人々が「有識者階級」なのかについて改造生の説明はありませんが、文化の向上発展における指導的立場の人物をイメージしていると考えられるので、県庁や役場の関係者、学校の教員などを指しているのでしょう。

改造生は、その「有識者階級」の人々が苗字の呼び方に対して、あまりにも「無頓着であり不注意」であると強い口調で非難します。そして、〈当然起《おこ》る可《べ》き問題として今迄《まで》期待してゐた〉のに、待てど暮らせど誰もこの問題を取り上げないので、やむをえず下手な文章を承知で言わせて頂きます、と多少皮肉を込めながら、この記事を書いた趣旨を説明します。つまり今までの「読み替え」に関連する記事と違って、「有識者階級」という特定の人々に対するメッセージとなっているのです。

さてここまでは前置きで、いよいよ本題に突入していきます。改造生は、沖縄県人の「姓名には特殊な読方」があり、他府県の人には到底読めない苗字と名前が大変多いことから、誤解を受けたりとんでもない間違いに巻き込まれており、なかでも沖縄県外に行ったことがある人は「痛切に感じた」ことでしょう、と切り出します。

そしてそんな事例として、「大事な用向きの電報」（また電報ですね）が来たのに取次の人が「そんな人はいません」と言って受け取ることができなかったり、軍隊では違う読み方をされて自分が呼ばれているとは気付かずにビンタを食らったりするような仕打ちを受け、新聞には沖縄の苗字が「奇《く》しき姓名」であると書かれるなど、挙げていくときりがないとしています。

戦争経験のある年配の方々から「軍隊で違う読み方で呼ばれたので、返事をしなかったら殴られた」という話をよく聞きますが、すでに大正時代にはこんなことが起こっていたのです。

このような現実に対して改造生は「本当に悔しい」と述べます。そしてこのままでは他府県の人々はますます沖縄県人に対する誤解が強くなり、見下していくだけであるというおそれがあるので、「姓名の呼方改善」は普通語奨励や風俗改善の運動のなかで真っ先に取り組まなければいけない問題であると指摘します。

まず名前については、過去に戸籍簿の整理ということで「蒲戸」・「仁王」・「鍋」・「樽」などの名前は変えるように奨励されたが、徹底されていなかったと批判します。

そして現在よく使われている名前を取り上げて、女性では「ナベ」・「カマ」・「カマド」などは台所の物の名前と同じであり、男性では「牛」・「武太」・「山」などは格好が悪く下品でみすぼらしく聞こえる、と述べます。

このような名前の風習を変えることについて改造生の考えでは、当局の関係者と有識者と県民がそろって努力改善すれば難しいことではないとしています。苗字の問題については、〈姓の方は改めると云《い》ふ事の自由を持たないそうだが〉と法律上自由に変更できないことを踏まえて、以下のような提案をします。

①誰でも簡単に読める読み方にすること。例えば…

宮城「ミヤグスク」→「ミヤギ」

玉城「**タマグスク**」→「**タマキ**」
大城「**オオグスク**」→「**オーシロ**」

②読み方が似通った苗字は簡単な表記へ改めること。例えば…
「**真栄田**」→「**前田**」
「**玻名城**」→「**花城**」

提案①は、特に目新しいところはありませんが、提案②は、従来見られることがなかった斬新かつ画期的なアイデアです。しかし苗字の表記を別の漢字に変えることは、法律違反にあたるので、実際にはできません。法律上変更ができないことを知りながら、このような提案をした改造生の目的はどこにあったのでしょうか。

改造生は「有識者当局県民の考究材料として提供致します」とだけ述べて文章を締めくくっています。改造生は現在不可能なことは承知の上で、記事を通じて世論（特に「有識者階級」）に訴えることによって、最終的に当局（沖縄県知事など）を動かして、本土に滞在する沖縄県出身者の悩みの種である沖縄の苗字の改造を成功させるという青写真を描いていたのかもしれません。

しかし改造生の「姓名の呼方改善」の提案は、残念ながら「有識者」・「当局」・「県民」を挙げての大きな社会問題に発展することはありませんでした。苗字の問題は、本土に滞在する沖縄県出身者や他府県人との接触が多い人々に限定された問題にとどまっていたようです。

改造生はだれ?

改造生の本名はわからないということはすでに述べましたが、ここで少し推理をしてみたいと思います。

改造生は、記事の内容から見て教養のある人物であると思われます。また文章は、「…なり」といった古典的なスタイルではなく、「話し言葉」に近い言文一致体というスタイルを上手に使いこなしています。ひょっとすると彼が批判する「有識者階級」の人々と同じ仕事に就いている人かもしれません。

そんな改造生の正体について私は、教育者で沖縄研究家の島袋源一郎ではないかと推理しています。それを証明できる確実な証拠を持っている訳ではありませんが、私なりの想像をもとに考えた推理は次のようなものです。

まずペンネームにある「北大東島にて」というキーワードについて注目しました。北大東島は、沖縄本島の東方約400kmにあり、東西約5km、南北約3kmの小さな島で、八丈島出身の玉置半右衛門が1903年（明治36）に開拓するまで無人島でした。その北大東島で改造生の記事が掲載された当時、どのようなことが起きていたかを簡単に述べたいと思います。

北大東島は玉置半右衛門の会社である玉置商会の所有でしたが、1916年（大正5）経営不振により東洋製糖に売却されました。東洋製糖は従来のサトウキビ栽培および製糖業を継承しますが、さらにリン鉱石の採掘業を開始します。産業が盛んになり住民も増加したためか1918年（大正7）私立南大東尋常高等小学校の分校が設置され、さらに1921年（大正10）には私立北大東尋常小学校の設置が認可されました。住民は八丈島出身の開拓に携わった人々や本土出身者と沖縄からの出稼ぎ者で構成されており、独特の雰囲気であったと考えられます。

そのころ島袋源一郎はというと、国頭郡の謝花小学校で校長をしていましたが、1920年（大正9）年8月から沖縄県庁で社会教育主事として勤務していました。この記事が掲載された時には、沖縄県の社会教育関係の担当者であったわけです。ひょっとすると、私立北大東尋常小学校の設置を認可するにあたって、島袋源一郎が北大東島に出張したことがあったかもしれません。そして島袋源一郎が北大東島で、県外出身者と一緒に暮らす沖縄県出身の住民の暮らしぶりを見て「姓名の呼方改善」のアイデアを思いついたり、記事の原稿を書こうと考えたりしたとすれば、わざわざ「北大東より」という文句を入れてもおかしくありません。

当時、県庁の職員や学校の教員などが出張する場合、新聞などに掲載されていました。しかし大正9年当時のものは、ほとんど現存していないので、残念ながら島袋の北大東島出張の事実は確認できていません。

二つ目に注目した点は、改造生が記事のなかで述べた提案②のアイデアについてです。

大正から昭和戦前の時期に、琉球王府時代に薩摩が変更させたという三文字の苗字を、変更前の二文字の表記にして簡略化をはかることを提唱した人は多くいました。つまり法律で認められた祖先の苗字に戻す「復姓」のルールに則って沖縄の苗字を改善しようと考える人たちです。しかし島袋源一郎は復姓の規則にこだわることなく、簡単な漢字の表記への変更を提案したのです。この島袋源一郎の考え方は、改造生の考え方に大変に似通っています。ちなみに改造生の記事の17年後の1937年(昭和12)に島袋源一郎が発表した「姓の統一に関する私見」という論考は、改造生の提案①と提案②がさらに洗練された内容となっていますが、内容については後で取り上げることにします。

そして三つ目に注目したのは、沖縄研究者である比嘉春潮の「沖縄人の姓について」(『比嘉春潮全集 第三巻 文化・民俗編』沖縄タイムス社、1971)という論文の記述です。比嘉春潮は、この論文のなかで、〈大正中ごろには、このこと(氏の「読み替え」の発生のこと　筆者注)が県の内外で、問題となってきた。教育家で歴史研究家であり、その前からこの問題の主唱者であった島袋源一郎氏は…将来のため特殊の姓はすべてこれを読み替え、また特異なものは改姓すべきであると唱導した〉という記述をしています。

この記述によれば、島袋源一郎は大正時代にはすでに苗字の「読み替え」や変更の提唱を行っていたことになります。しかし1937年(昭和12)に雑誌『沖縄教育』に掲載された自身の筆による「姓の統一に関する私見」という論考が発表される以前には、島袋の「読み替え」や苗字変更に対する意見や提唱を示す資料は確認できていません。ですから、もしも改造生が島袋源一郎であるとすれば、比嘉春潮の記述を裏付けることになるのです。

以上私の考えを述べてみましたがあくまで推理の域を出るものではありません。新たな資料の発見や研究の成果が出れば改造生の正体が明らかになる日が来るかもしれません。

第二節　復姓のお作法

復姓願

今までたびたび「復姓」という言葉が出てきましたが、ここでは復姓の具体的な手続き方法と、その事例についてご紹介してみたいと思います。手続き方法は、当時の資料をもとに再現してみましたので、みなさんが申請する気持ちになってみてください。

まずは復姓のルールです。はじめに「復姓願」を提出します。「復姓願」を許可するかどうか決めるのは沖縄県知事です。ただし那覇市と首里市（現那覇市）にお住まいの方は市長が許可を出します（1937年（昭和12）ころの場合。内務大臣官房文書課『改姓名ニ関スル令規集』内務大臣官房文書課、1937による）。

さて「復姓願」はどう書けばよいのでしょうか。大丈夫です、心配はいりません。明治～昭和戦前期の戸籍関係の本には、その書き方のお手本がバッチリのっています。

復姓願

△山 ○太郎
▲代前の祖父○兵衛の世までは代々▽▽藩の武士で、苗字を○木といっていましたが、明治維新の時に戦死しました。父の○衛門は二男だったので戸籍が作られたときには農業を営んでいました。そのとき住んでいた地名である△山を苗字として届け出ました。この事実は、亡くなった父の○衛門が書き残した文書と家系図で証明されています。

そこで祖父の苗字である○木に復姓したいので、お調べのうえ許可を頂けますよう、関係書類を添えてお願い申し上げます。

書き方のコツは、先祖の苗字から変更した経緯をきちんと説明することです。さて「復姓願」が書けたら、今度は一緒に提出する証拠書類をそろえましょう。証拠書類は、家系図や過去の苗字変更のいきさつが書いてあるものがよいでしょう。あとは復姓願と証拠書類を役所に提出に行きましょう。

めでたく苗字変更の許可がでたら、次はもらった許可証の謄本と「氏復旧届」を役所の戸籍担当者に提出しましょう。これは、戸籍にある古い苗字を新しい苗字に変更してもらうためです。「氏復旧届」も戸籍関係の本にお手本がありますので、これにあわせて書きましょう。ただし「氏復旧届」は、「復姓願」の許可が出てから10日以内に出すことになっていますから、遅れないように気をつけましょう。

氏復旧届

復旧前の氏名　△山 ○太郎
復旧後の氏名　○木 ○太郎
右は祖先の苗字への復姓により、大正▲年▲月▲日に許可をもらいましたので前記のとおり昔の苗字に戻ります。許可証の謄本を添えて届出いたします。

以上で復姓の手続きは終了です。「復姓って簡単だな」と思った方も多いのではないでしょうか。しかし、残念ながら世の中はそんなに甘くありません。復姓には大きなハードルがあるのです。祖先が、現在の苗字とは違う苗字であることを、系図などで証明しなければならないのです。

祖先代々同じ苗字を名乗っている人は復姓できません。また祖先が現在と違う苗字を名乗っていたとしても、その証拠の系図などを持っていないといけません。系図を持つことを許されていたのは琉球王府の士族だけです。ですから当時系図を持っていたのは士族であった人の子孫に限られます。

たしかに戦前に復姓した人の事例をみると、名前から見て士族の子孫と思われる人が、系図を利用して復姓したと思われる例が多いのですが、そうともいえない場合もあるのです。

沖縄が日本復帰するまで、琉球政府という組織がありましたが、そのトップである行政主席（今でいう沖縄県知事）になった松岡政保さんという人がいます。松岡政保さんはもともと「宜野座政保」さんでしたが、1931年（昭和6）に「松岡政保」さんに変わりました。その当時のことを松岡さんは自伝でこう述べています。

〈私は宜野座の姓を松岡に改めた。…私が松岡の姓を選んだのは、別に深い理由があったわけではない。金武の生家の裏山に美しい枝ぶりをみせる松林にヒントを得たものである〉（松岡政保『波乱と激動の回想 =米国と沖縄統治25年=』（私家本、1972）

「松岡」は祖先が名乗っていた苗字ではないわけですから、これでは復姓とはいえません。しかし、現実には苗字を変えることができたのです。松岡さんは証拠書類の系図を、どうやって準備したのでしょうか。松岡さんは士族の子孫ではなかったので、系図は持っていないはずですし、そもそも「松岡」は自分で考えた苗字だと本人が書いています。ずばり復姓を許可する当局側の責任者が、はじめから便宜を図ってあげるつもりであれば、証拠書類が本物か偽物かという問題はどうにでもなるわけです。

松岡さんの苗字の変更手続きがどのように行われたかは今となってはわかりませんが、ルール通りに行われていない復姓が実際にあったわけです。

またある方にお聞きした話でこんな話があります。

その方のお父さんであるAさんが戦前本土に出稼ぎに行っていたときのことです。職場の人々から苗字のことでからかわれるのが嫌で、役所に系図の写しを持って相談に行きました。

Aさん「どうしても苗字を変えたいんです」

役所の人「でも系図に書いてある苗字じゃないとダメですよ」

Aさん「どうにかならないですか」

役所の人「ウーン…、じゃあこうしましょう。系図に書いてある苗字っぽい言葉のなかから、好きなのを選んで申請して下さい」

Aさんは、系図のなかから苗字っぽい言葉を選んで申請して、無事に復姓することができました。

これも、役所の人が便宜を図ってくれている例といえるでしょう。

第三節　沖縄学の苗字へのアプローチ

沖縄学とは、沖縄のさまざまな分野の研究をひっくるめた総称です。沖縄学の歴史は1879年（明治12）に行われた琉球処分の前後から始まります。このころの研究は、明治政府が沖縄県をどのように統治するかを研究するために、沖縄の文化を調べるというものが主でした。その後1900年（明治33）ころから1920年（大正9）ころにかけて、沖縄出身の研究者が、沖縄の歴史や文化を明らかにすることを目的に沖縄学に取り組むようになります。その一環として、沖縄の苗字研究も行われるようになります。ここでは、誰がどのようなアプローチで沖縄の苗字に取り組んだのかを見てみたいと思います。

真境名安興と沖縄の苗字

1916年（大正5）、「沖縄学の父」と呼ばれる伊波普猷は『琉球の五偉人』という本で、1624年の薩摩による琉球への「日本名」を禁止する命令を紹介しました。沖縄の苗字を具体的に取り上げて研究をしたという内容ではありませんが、その歴史のなかで薩摩の影響があったことを指摘したという点で、苗字研究の走りであると考えてよいと思います。

苗字をテーマとした最初の研究成果は、1924年（大正13）に発表された真境名安興による「本県人の姓名に就ての史的考察」です。ちなみに真境名は先ほど紹介した『琉球の五偉人』という本を伊波普猷と一緒に書いた人でもあります。

この論文は、現代における沖縄の苗字に関する定説の基礎となったものといってもよいものですが、真境名がなぜ苗字を研究しようと考えたのかについて、その内容から探ってみたいと思います。真境名が述べる沖縄の苗字の歴史をまとめてみると、次のようなものでした。

〈沖縄の苗字は古い記録によれば「本土とさほどの相違はなかった」のですが、薩摩は徳川幕府に対する政策のために、沖縄の苗字を外国風にさせるため「大和めきたる名」をつけることを禁止しました。したがって、沖縄の苗字が独特に見えるのは「三百年の間に異様に製造された」ためなのです〉(筆者現代語訳)

真境名は、沖縄の苗字が本土のものとあまり違いはなかったという証拠として、古文書に「国頭」は「国上」、「富名腰」は「船越」、「名嘉山」は「中山」、ついでに自分の苗字である「真境名」は「真坂名」と記されていることを挙げています。ちなみに「真境名」という苗字を紹介するときには、「難しい私の苗字の場合は…」という前置きまでしています。

たしかに、これらの古文書に出てくるという苗字は日本風に見えますね。真境名は沖縄の苗字が特徴的である理由を、薩摩による３００年間の「大和めきたる名」の禁止のせいであるとしています。この指摘については、必ずしもそうとはいえない部分もあるので、再検討する必要があるということはすでに述べたとおりですが、ここでは真境名の歴史観に注目したいとおもいます。

日琉同祖論

真境名が述べたような、「琉球の文化は日本の文化とあまり違いはなかったのに、薩摩がやってきて外国風にしたのだ」という歴史観は、当時の人々が持っていたある考え方に基づいています。それは「日琉同祖論」という考え方です。

ちょっと難しいかもしれませんが「日琉同祖論」という考え方は、沖縄の歴史を知っていく上では欠かせないものの一つです。ちょっとだけ寄り道をして勉強してみましょう。

「日琉同祖論」とは、「日本人と沖縄人は同じ祖先から分かれた人々で、民族的にも文化的にも同じである」ことを研究によって証明することで、「日本と沖縄の人々は同じ日本人である」ということを強調する理論です。

実は最近まで「日琉同祖論」は、17世紀後半の琉球王府の政治家である羽地朝秀が提唱したものであるとされていました。しかし、歴史研究家の上里隆史氏は最近の研究成果をもとに「日琉同祖論」のできる経緯を次のように読み解いています。

〈羽地朝秀の「日琉同祖論」とその根拠としての為朝伝説を「発見」して主張したのは、実は戦前の沖縄側の研究者でした〉（上里隆史『目からウロコの琉球・沖縄史』ボーダーインク、2007）。

その沖縄側の研究者のなかに「沖縄学の父」といわれる伊波普猷がいます。伊波は、言語学・文学・歴史学・民俗学・人類学などに取り組み、「琉球民族」は「日本民族」の枝分れであることを証明しようとしました。では「日琉同祖論」はどのように沖縄に役立ったのでしょうか。沖縄近代史研究者である比屋根照夫氏は次のように指摘します。

〈この理論は何よりも近代以降の〈歴史湮滅《いんめつ》政策〉のもとで、思想的にも文化的にも危機的状況にあった〈沖縄人〉に、人間としての存在根拠を与え、同時に近代以降の沖縄にたいする偏見とゆがんだ認識を是正する役割を担った〉（比屋根照夫「日琉同祖論」『沖縄大百科事典』下　沖縄タイムス社、1983）

明治となり沖縄の文化は、日本の文化と比較して「遅れたもの」「劣ったもの」とされ否定されました。しかし沖縄の文化は、もともと日本の文化と同じものであったとして、現在の文化の違いこそ、沖縄文化の特徴（伊波は「ユニークネス（無双絶倫）」と表現しました）であり、評価される誇らしいものであると訴えたのです。

それでは真境名の歴史観と照らし合わせてみましょう。沖縄の苗字のもととなる「家名」が古文書に登場し始めるのは16世紀のことで、それ以前の人々には「護佐丸」や「阿麻和利」のように、童名しかなかったということを、博学である真境名が知らなかったはずはありません。しかしその事実には触れないで、16〜17世紀の限定された期間の記録だけを取り上げて、本土とあまり違いがなかったとする主張には、「日琉同祖論」になんとか結び付けようとする考え方が見えると思います。

また、真境名は「過去300年にわたって沖縄の人々が、偏った考え方によって外国風の文化を盛んに広められる環境におかれた結果、苗字や名前まで固有のものを失うことを強制された」と述べています。言葉通りにとると、300年前の苗字や名前には価値があるけれども、それ以後のものには価値がないと言っているようにも聞こえます。

伊波普猷と東恩納寛惇と並んで戦前の沖縄学の「御三家」に数えられる真境名は、芸能・民俗・歴史などの分野の研究ですばらしい業績を多く残しています。また沖縄の文化に対する教養が深い人物でもありました。そのような真境名の人物から考えると、薩摩の支配下にあった300年間の苗字と名前の文化を否定するような態度については、私は少し違和感を覚えます。なぜ真境名は、沖縄の苗字にこんなに冷たい態度なのでしょうか。真境名は歴史に関する記述の後に、真境名自身の意見を述べているので注目してみましょう。

〈今日県外で活躍しようとしている沖縄県出身者が、その苗字や名前が異様であるために途方にくれて、他の県の人々の養子になって「大和めいた」苗字をあわてて作ろうと苦心している人もいるようですが、私はむしろ最も都合の良い方法として、薩摩の政策で異国風にされた苗字を、今度は反対に「大和めかしむる」ようにしたいと思います。そうすれば、ころころ変わることのない沖縄人の苗字として永遠に本領を発揮するでしょう。何もあわてて「大和めいた」苗字を作ろうとして、木に竹を接ぐような下手な細工を施さなくてもよいでしょう〉（筆者現代語訳）

なるほど、「大和めいた」苗字を作るために苦心している県外在住の沖縄県出身者という存在があるわけですね。真境名はその対策として、薩摩に変えさせられた苗字を「大和めかしむる」ようにしたいと言っています。真境名のアイデアは次のようなものです。

〈戸籍関係の当局者は、沖縄県出身者の苗字の変更や復姓に対して寛大に取り扱う方針をとってほしいと思います。当局者が、苗字の変更や証拠書類の必要な復姓以外は認めない戸籍法を盾にして、形式ばった法律をそのまま適用するというならば、これこそ沖縄が薩摩に苗字を変えさせられたという歴史を無視したものではないでしょうか〉（筆者現代語訳）

このように真境名は、法律上復姓しか許されていないことを知っています。復姓の手続きを行うには、系図の写しを添えて証拠書類とします。したがって琉球王府時代に士族以外の身分であった人々の子孫は、系図がないので復姓を申請することができないことになります。

ひょっとすると真境名はこの論文で、表記変更前の古文書に記載された苗字の事例を示して、系図を持たない人々でも復姓ができるよう援護射撃をしていたのかもしれません。戸籍法で復姓を認めることの根拠は、先祖の苗字に戻ることによって先祖との結びつきを明らかにすることや、家を大事に守っていく拠り所とすることを良いことだとする考えにもとづいています。沖縄の苗字が薩摩による支配がはじまった近世以降に変更されたものであるという証明ができれば、沖縄県人の苗字は系図なしでも復姓できるようになる可能性も出てくると考えたのではないでしょうか。そして、それらの苗字が大和風の「国上」・「船越」・「中山」などであればこれ以上好都合なことはありません。

そして真境名は苗字の問題について、社会指導にあたる教育家や多くの子供達を預かっている教育家の人々も、それぞれの立場から研究が必要な問題であると述べてこの文章を締めくくっています。真境名は、教育関係者に対して苗字の問題への関心と理解を訴えたというわけです。

真境名文庫の復姓願

そんな真境名の残した資料のなかに、真境名自身の「真境名」という苗字への向き合い方を解くカギになるかもしれない資料があります。それは沖縄県立図書館に寄贈された真境名の残した原稿や蔵書類である真境名安興文庫のなかにある、『復姓ニ関スル文書』（『復姓ニ関スル文書』沖縄県立図書館所蔵）です。封筒に入れられた便せん一枚の資料ですが、誰がいつ書いたものかはわかりません。内容は難しい「…候」という文語体で書かれているので、現代語に訳してみましょう。

復姓願

私たちは現在真境名という苗字を名乗っていますが、私たちの先祖が玉城という苗字の本家から分家した時は奥平という苗字でした。しかしその後の子孫は便宜上玉城を名乗っていました。私から4代前の祖先にあたる安都は、琉球王府の職場の同僚に同じ玉城という人がいて不便だったので、祖先の苗字である奥平に復姓しました。安都の後継ぎである安英はすぐれた働きがあったので大里間切の真境名という場所を領地に頂きました。琉球王府時代の慣習では領地の地名を苗字とするので、安英は真境名という苗字になりました。

その後、領地は王府にお返しすることになりましたが、子孫はそのまま真境名という苗字を名乗り続けて現在に至っています。申し上げたように、王府時代の制度によってたびたび苗字が変わったわけで、祖先とのつながりを明らかにする苗字ではありません。現在から見れば、物事の正しい筋道からはずれていると思います。門中で話し合った結果、真境名から祖先の苗字である奥平に復帰することが、祖先から受け継いだ門中の流れを永遠に引き継いでいく唯一の方法であると考えています。

　真境名から奥平という苗字への復姓の希望について、今までの経緯や私たちの気持ちをお汲み取りいただき、復姓を認めていただけますよう、必要な関係書類の写しを添えてお願いするものです。


　真境名安興文庫の『復姓ニ関スル文書』は提出された本物の復姓願ではなく、下書きか覚書である可能性が高いと思いますが、先ほど紹介した復姓願のお手本とよく似た内容になっています。ちなみに、この『復姓願』は「真境名」から「奥平」という苗字への復姓を願い出る内容となっており、真境名の長男となにか関係があるのではないかと思っています。

　真境名の長男は、1931年（昭和6）に真境名との間で交わした書簡を見ると、「真境名」ではなく「奥平」という苗字を名乗っています。ただし1926年（昭和元）発行の那覇市立商業学校の卒業生名簿（石井精一編『うるま 創立貳拾週年記念号』那覇市立商業学校学友会）に、真境名の長男と名前が同じ人物が掲載されていて、苗字は「奥平」ではなく「真境名」となっています。

私の勉強不足で、卒業生名簿の人物が真境名の長男であるという確認はできていませんが、もし同一人物であればこの『復姓願』が真境名の長男（長男だけでなく他にもいたかもしれませんが）の「奥平」への復姓を行った時の関係資料である可能性が高くなると思います。ちなみに、真境名と長男の交わした書簡によれば、長男は大阪在住であり、卒業生名簿によると該当人物が「大阪東区役所」勤務となっています。

ただしこの推理には疑問点もあります。それは真境名自身が復姓していないことです。そんなに「真境名」という苗字が嫌いならば、長男と一緒に復姓して「奥平」になればいいのですが真境名は復姓をしていません。なにか事情があったのだと思いますが、詳しいことはわかりません。

真境名安興の研究成果

さて、本格的な苗字研究の先駆となった真境名の論文ですが、その主張は、①沖縄の苗字はもともと日本の苗字と変わりはなかったが、②薩摩が外国風に変えることを強制した歴史があることから、③沖縄県では改姓や復姓が許可されるべきである、ということです。

　この三つの指摘は、真境名より後の時代の研究者にも引き継がれていきます。それについては、あとで紹介していきたいと思います。

　さまざまな分野での沖縄研究を行い、文化に深く造詣のあった真境名ですが、苗字に関する研究では歴史考察するというよりも、沖縄の苗字が無理やり変えられたという歴史だけを強調することによって、戸籍法と戸籍関係の担当者に「形式ばっている」とケチをつけているようにみえます。これは、復姓しなかった真境名、おそらく復姓したと思われる真境名の長男、そして真境名の周りの人々に、なにか苗字に関する苦労や問題があったことの裏返しではないかとも思えてしまいます。

　しかしいずれにせよ、真境名が沖縄の苗字に対して、純粋に沖縄の文化の一部として誇ることはなく、複雑な感情を持っていたということは間違いないと思います。

■コラム　「クシ」さんと「アカ」さん

沖縄の苗字が出てくる有名な小話がありますが、皆さんはご存知でしょうか。いくつかのバージョンがあるみたいですが、私が聞いたのは次のような話です。

ある日、警察官が検問で一台の車を止めました。そして運転手に名前を尋ねました。「運天です」と返事が返ってきました。次に助手席に座っている人にも名前を尋ねました。「仲間です」と返してきます。馬鹿にされているのかとイライラしてきた警察官は、後部座席に座っている男性にも…といった感じで続きます。

さてこのような小話が実は今から100年前にもありました。1907年（明治40）11月29日の『琉球新報』の「一口話」というコーナーに掲載されたものです。

ある二人の人物が互いに自己紹介をする場面から始まります。クシさんが「私はクシといいます。あなたのお名前は？」と尋ねますと「私はアカといいます」とアカさんが答えます。次にクシさんは「私は「櫛」ではなく「久志」です」と漢字を説明します。アカさんも「私も「垢」ではなく「阿嘉」ですよ」と返すというオチで終わります。

実はこの話は、本土の言葉が理解できる人でないと内容がわからない話なのです。髪の毛をすく櫛は沖縄方言で「クシ」ともいいますが、一般的な櫛は「サバチ」といいます。また垢は「フィング」といいます。この一口話の作者は誰かわかりませんが、「サバチ」とか「フィング」などの沖縄方言は使わない人だったのかもしれません。

第四章　さまよえる沖縄苗字

第一節　どうなる沖縄の苗字

明治から大正にかけて、沖縄の苗字は次第に日本でも外国でも肩身が狭くなってきました。この後時代は昭和に突入しますが、沖縄の苗字はどうなってしまうのでしょうか。差別と偏見の標的とされた沖縄県出身者は、「読み替え」や復姓を行って苗字を目立たないようにしています。このような状況が昭和に入り、どのようになっていくかを述べてみたいと思います。

「普通に変えた方が良い」

１９３５年（昭和10）４月、下村宏というジャーナリストが沖縄にやってきます。下村は有名な歌人でもあり、ペンネームの「海南」という名前の方が有名かもしれません。実は下村はただのジャーナリストではなく朝日新聞社の副社長でした。下村は九州と沖縄を約1ヶ月かけて旅行したあと、この旅行について書いた本を出版しましたが、その本には沖縄の地名に関する記述があります。

〈「北谷」は誰でも「キタダニ」と読む。それが「チャタン」という。その歴史はもともとの「キタダニ」から「キタタン」→「キャタン」→「チャタン」となったというのだ。それなら「キタダニ」に戻った方が良い。「城」は「グスク」という。どうしても「グスク」と読みたければ「山城」・「金城」と書くかわりに「山楠久《グスク》」・「金楠久《グスク》」と書けばよい。そうでないなら「ヤマシロ（山城）」・「カネシロ（金城）」と読むことにしたい〉（筆者現代語訳　下村宏　飯島幡司『南遊記』朝日新聞社、１９３５）

なんとも歯切れのよい意見です。じつは下村は、台湾の地名を変更した人物でもあるのです。かつて台湾を統治する台湾総督府に勤務していたときに、「打狗」から「高雄」といったように、従来の地名から日本的な地名に変更しました。下村は台湾在職中において行った仕事のなかで、誰も文句をつけられない良い事績をあげるとすれば、それは「地名の改称であった」と誇らしげに述べています。

さらに下村の意見は、一歩踏み込んだところまでいきます。地名の変更のように、読みにくい人名の変更があってもよいのではないかというのです。

この下村の意見は、本のなかではこの程度しか述べていませんが、旅行中に取材に来た新聞記者たちに対して、沖縄の苗字について〈特殊地名や姓名は、普通のわかりやすいものにかえた方がよい〉（島袋盛敏「苗字不変更」『沖縄教育』第230号　沖縄県教育会、1935）とはっきり語っていたようです。

下村のように社会的地位のある本土の人間が、このような意見を述べた事例はほとんどありません。下村の改姓賛成は、おそらく評判となり人々の話題となったことでしょう。その証拠に下村が改姓賛成を明らかにした5ヶ月後、東京で女学校の教員をしていた島袋盛敏という人が、雑誌に掲載された文章のなかで「下村が新聞記者に語った話」として、下村の改姓賛成を紹介しています。東京や本土の各地に在住の苗字に悩む人々は、これを聞いて大変心強く感じたかもしれません。

しかし下村は「北谷」の読み方の歴史についてよく知っていますね。じつは下村が沖縄に来たときに案内役を務めたのは、歴史に詳しい島袋源一郎だったのです。おそらく「北谷」の話も島袋源一郎から聞いたのでしょう。

下村が沖縄で「特殊な姓名はかえた方がよい」と語って3カ月が過ぎた8月10日のことです。『琉球新報』に「社交上何《ど》うかと思う、読みづらい姓名 県では改正を許可す」という見出しで記事が掲載されました。記事の内容を要約すると次のようなものでした。

①沖縄県には、次のような独特の苗字がある
例えば「大工廻」・「湧稲国」・「保栄茂」・「勢理客」・「後大石根」など
②この独特の苗字のせいで、恥をかいたり就職難にあったりしている
③県では、社交上さしつかえのある読みにくい苗字の改姓を認める方針を取っている
④苗字の変更には、いうまでもないがそれなりの根拠が必要である
⑤根拠とは、復姓の場合なら系図やその他参考書類のこと

この記事をみる限りでは、「改正を許可」するといったわりには、特に従来と手続きが変更されたところはありません。しかし、今までは投書欄やコラムにしか取り上げられなかった苗字の話題が、報道記事に取り上げられているところは注目です。

なぜこのタイミングで掲載されたのかはわかりませんが、先ほど述べた下村のコメントが県当局になんらかの影響を与えたとすれば興味深い話です。

名簿に見る「読み替え」

復姓はやはりハードルが高そうですが、「読み替え」の方はどうでしょうか。当時の状況を教えてくれる資料があります。嘉手納にあった沖縄県立農林学校の同窓会名簿（沖縄県立農林学校同窓会 編『沖縄農林同窓会会報名簿』沖縄県立農林学校同窓会、１９３６）なのですが、おもしろい注意書きが書かれています。

〈各卒業回に分けたイロハ順と全会員のイロハ順の名簿にわけてあります。その並び方は「仲順」を「チの部」に、「新屋敷」を「ミの部」というように「従来の慣習読み」に従っています〉（筆者要約）

「仲順」は「チュンジュン」だから「チの部」に、「新屋敷」は「ミイヤシキ」なので「ミの部」に入るわけです。なぜ、いちいち断りを入れねばならないのでしょうか。じつは注意書きに、このようなことを書くこと自体が、「読み替え」をしている人がいるという動かぬ証拠なのです。「チュンジュン（仲順）」も「ミイヤシキ（新屋敷）」も方言に近い発音です。同窓会名簿の編集者は、この発音での読み方を「従来の慣習読み」といっています。同窓生全員が「従来の慣習読み」であれば、こんな注意書きはいりません。「読み替え」している人がいるのですが、この名簿では「従来の慣習読み」で探してくださいというわけです。

更に深読みすれば、名簿の編集委員の作戦とも考えられます。卒業生たちが苗字を「読み替え」しても同窓会に連絡をしなければ、名簿の編集委員にはわかりません。できあがった名簿をみた卒業生に、「おれの名前の読み方を間違っているじゃないか！」と怒られてしまいます。しかし、沖縄県内でも大変なのに、県外や海外在住の卒業生の苗字まで、そんなに多くもないであろう名簿の編集委員がすべて調べるなんてことは不可能です。でも「従来の慣習読みに従っています」と断っておけば、多少はクレーム対策になったかもしれません。いずれにせよ苗字の「読み替え」が、確実に行われている状況であったことがうかがえると思います。

苗字問題にのりだす教育界

このころから沖縄の苗字は、沖縄県出身者の生活改善の対象のひとつとして取り上げられるようになります。議論に加わったのは沖縄県出身の公務員・弁護士・新聞記者・出版社の編集者・社会活動家などさまざまでした。このようないわゆる知識人と呼ばれる人々が、どのような議論をしたかについては、のちほどふれたいと思います。

さらに教育の現場からも動きが起こります。それは１９３６年（昭和11）３月５日、現在の那覇市安里にあった沖縄県女子師範学校の講堂で開かれていた第25回沖縄県初等教育研究会という会合の最終日のことです。会合の日程は午前中に模範授業の参観など、午後は問題点などの協議を行う予定になっていました。その午後の問題点の協議の場で、苗字の問題についての意見が出たのです。意見は新聞によると次のようなものでした。

〈県教育会において審査員を設け沖縄県民の姓名の呼称を適当に統一することを県教育会へ建議する〉（「姓名が難解だ　読み方を統一せよ　沖縄初等教育研究会から県教育会へ建議」『大阪朝日新聞』１９３６年3月7日）。

その理由として、「大工廻（だくじゃく）」や「保栄茂（びん）」など難しい苗字があること、「金城」とかいて「かなぐすく」・「きんじょう」・「かなしろ」など読み方が何通りもあったりすること、県外では通用しないので大変不便であることをあげています。この意見には全会員が賛成したと書かれています。

沖縄県初等教育研究会からバトンを受けた沖縄県教育会はどうしたのでしょうか。沖縄県教育会は「姓の呼称改正」に関する審査委員を設けます。そして翌年の2月に協議した結果、沖縄県外では通用しない特殊な苗字については、なるべく本人または保護者の了解を得て「読み替え」をすること、そして徐々に読み方の統一を実行していくことに決定しました。ちなみにこの協議に参加したのは、教育会長・那覇市長・県立図書館長・男子師範学校長などでしたが、そのなかに「読み替え」提唱者である「北大東島にて 改造生」ではないかと私が推測した島袋源一郎もいました。このとき島袋は、沖縄県教育会主事となっていました。

この経緯と協議の結果は、沖縄県教育会が刊行している雑誌『沖縄教育』第247号に「姓の呼称統一調査会」というタイトルの記事で掲載されました。この記事では、調査会によって決められた、苗字の「読み替え」一覧表まで掲載されています。

「姓の呼称統一調査会」が示した意見は、驚くほど「北大東島にて 改造生」の意見と似ています。苗字の「読み替え」を統一することはもちろん、戸籍法に引っかかる文字の変更もちゃっかり入っています。

そして、次のページには島袋の筆による「姓の統一に関する私見」という文章が掲載されています。このなかで島袋は、沖縄県外では「読み替え」は普通に行われており、県内でも方言に近い読み方は変更されていること、薩摩によって変更させられた苗字は元に戻すこと、そしてもう一歩踏み込んで「下茂門」↓「下条」や「仲尾次」↓「中小路」のように変更すれば便利だ、と述べています。内容は「姓の呼称統一調査会」の意見と同様のもので、島袋が調査会の中心的人物であった可能性が高いと思います。

島袋の文章には、「読み替え」反対者に関する、大変興味深い指摘があります。なんと一部の教職員や保護者が「読み替え」の反対者だというのです。この状況について島袋は、本人の意思を尊重するのが常識であり礼儀だから、第三者は勝手に「読み替え」るわけにはいかないとしながらも、すでに世間一般で「読み替え」は行われているのだから、のちのちには統一されるだろうという考えを示しています。

しかし、島袋はなぜここまで苗字の「読み替え」にこだわっていたのでしょうか。島袋は、「読み替え」が必要な理由を、次のように主張しています。

〈根本的な問題の解決方法は、日本の各地にも読みにくい苗字はあるのだから、気にせずに沖縄県民としてのプライドと自信を持って、恐れずに突き進むことだ。伊波普猷・東恩納寛惇・比嘉春潮たちは、最初は風変わりな苗字だとまわりから思われたかもしれないが、今ではしだいに全国に知られるような人物になっていて、別に変だと思う人もいないだろう。自分たちが偉くなって、全国に売り出せばよいのだ。

しかし、一般の人が偉くなるのは簡単ではない。読みにくい苗字のせいで、不便や不利をこうむって肩身を狭くしている一般の人がいるからこそ「読み替え」とその統一が必要なのだ〉（筆者現代語訳）

沖縄県外在住者の動向

このように沖縄県内で島袋らを中心に「読み替え」とその統一の運動が行われていたころ、東京や大阪の沖縄県出身者はどのようなことをしていたのでしょうか。近代史を研究されている納富香織氏は、〈昭和10年代の改姓運動に関しては、在本土沖縄県人からの呼びかけも強くあったと考えられる〉と指摘しています（納富香織「比嘉春潮論への覚書―1930〜1940年代の在本土沖縄県人との関係を中心に―」『史料編集室紀要』第32号　沖縄県教育委員会、２００７）。

納富氏や、同じく沖縄近代史の研究者である屋嘉比収氏の研究（屋嘉比収「古日本の鏡としての琉球」『南島文化』第21号　沖縄国際大学南島文化研究所、１９９９）をもとに、どのような活動があったのかをみてみたいと思います。

１９３６年（昭和11）８月13日の『大阪朝日新聞』に「珍奇な名は改めよ 就職や社交上損をする 沖縄の珍しい運動」という記事が出ました。これによると、東京在住の沖縄県出身者によって組織されている南島文化協会という団体が、沖縄の珍しい苗字を改姓することが沖縄県出身者にとって利益になるとして、改姓運動に乗り出すことになったというのです。南島文化協会の詳しい実態はよくわかっていませんが、世話人として比嘉春潮・比嘉良篤・八幡一郎・高嶺明達・石川正通・金城朝永といった人々がいて、金城朝永の自宅が事務所となっていたそうです。

そして翌年の１９３７年（昭和12）３月、南島文化協会の世話人の比嘉春潮・八幡一郎・金城朝永の三名が大阪へ行き、大阪南島文化協会が主催する沖縄の苗字についての座談会に出席しました。この座談会のようすは、「読み難い姓名改姓座談会」という題で新聞に報じられました。（「読み難い姓名改姓座談会 大阪南島文化協会主催」『琉球新報』１９３７年４月14、

15日）この座談会のようすについては、あとでふれたいと思います。

この座談会の4ヶ月後の7月に、関西沖縄県人会と深いかかわりのある新聞である『大阪球陽新報』が創刊しました。『大阪球陽新報』は、苗字の問題を含めた生活改善問題などに積極的に取り組んでいくことになります。『大阪球陽新報』はさっそく同年9月に「改姓運動の提唱 読み悪い姓は自由に改姓」、12月には「改姓運動の反響 饒平名智太郎氏永丘姓に復帰 ― 目下手続き中 ―」という記事を報じて、改姓運動を取り上げました。

このような活動をしていた東京や大阪の沖縄出身者は、どういう気持ちで取り組んでいたのでしょうか。1938年（昭和13）8月1日に『大阪球陽新報』に掲載された、生活改善に関する座談会のようすのなかで、ある人物がこんな発言をしました。〈国家総動員の現時沖縄県の頭脳は東京に集まっているから総《すべ》ての問題に対して県外の頭脳を借れと主張し度《た》い〉（フリガナは著者による）。

つまり、「国家総動員」の現在では、沖縄県の頭脳となれる人々は東京に集まっているのだから、沖縄県の人々はすべての問題に対して我々の考え方を取り入れろというのです。これについて納富氏は「在京県人たちは、在沖縄県人たちを指導・助言する立場との認識から発言している」と指摘しています。

ちなみに「国家総動員」とは、正式には「国家総動員法」という1938年4月1日に公布された法律から来ている言葉です。この法律により政府は、国家のすべての人や物といった資源を自由に統制・運用できるというもので、戦争目的のためなら兵器はもちろん医療や交通や教育などあらゆる分野が統制できるようになっていました。

さて話は先ほどの発言に戻りますが、沖縄県在住の人々に対して一歩間違えると「上から目線」な高圧的な態度にもとれます。なぜこのような発言になってしまったのでしょうか。本土在住の沖縄県出身者は、周囲からの差別と偏見をなくすために、「読み替え」や復姓をはじめ、本土から好奇の目で見られる沖縄的な文化を隠す努力をする人が少なくありませんでした。そのような苦労をしている彼等からみると、沖縄県内在住の人々は改善に向けての努力が足りないように見えて、もどかしくてしょうがなかったのではないでしょうか。

復姓手続きの緩和

1938年（昭和13）6月、淵上房太郎が沖縄県知事として着任します。この知事の変更によるものでしょうか、苗字変更に対する手続きに変化が起こったようです。1939

年（昭和14）1月15日の『大阪球陽新報』は「改姓運動奏功！読み難い姓は此の際改めよ」と報じています。変更となった手続きは、記事によれば、①屋号を苗字とした場合、頭についた「東」などの字は取ってよい、②お年寄りや親類に聞いた情報を、区長・村長に証明してもらったものも証拠に含める、というものでした。

①は「東吉本」とか「東前上門」という苗字の場合、「吉本」や「前上門」となることができるというものです。苗字の一文字を取ってしまうということは、従来の戸籍法では決して認められることではありません。許可されるようになった理由はわかりませんが、ひょっとすると沖縄の屋号に秘密があるかもしれません。沖縄の屋号の付け方はいろいろありますが、そのなかに「吉本」という家から東の方角に分家したら「東吉本」という屋号になるというパターンがあります。そうすると、「東吉本」の祖先は「吉本」にあたります。「東」をとるということは、祖先の「吉本」に復姓することと同じです。したがって、復姓の考え方に添ったものだという判断で許可されたのではないかと思います。

②は、系図などの写しでなければ証拠書類とは認められなかったところを、人から聞いた話でも区長や村長の証明があれば証拠となるということです。区長や村長がどういった判断で証明の可否を決めたかはわかりませんが、たしかに大きな変化であると思います。

沖縄県の対応

この苗字の変更手続きの変化は、どのような影響を生んだのでしょうか。同年2月18日の『大阪朝日新聞』は「〃改姓改名時代〃沖縄県当局の計らひに大喜びの願書続々」という見出しで報じています。記事によれば、毎日平均十件の氏名変更の願書が沖縄県庁の庶務課に提出されていて、庶務課が取り扱う文書の六割が改姓改名の願出であるということです。残念ながらそれ以前の願書の数が不明なので、どれくらい盛況なのかはわかりづらいですが、わざわざ数字を出しているところをみると、取扱い件数が増加したのでしょう。おそらく、従来の基準では復姓できなかった人々のうち、これを機に復姓を申請した人が大勢いたためであると考えられます。

沖縄県が手続き変更に動いた理由はなぜでしょうか。復姓の許可は沖縄県知事に任されています。当時の知事である淵上房太郎が、この手続きの緩和を最終的に認めた人物であるというのは明らかですが、知事に働き掛けた人物はわかりません。しかし東京・大阪の沖縄県出身者や沖縄県教育会の島袋源一郎らの活動が、少なからず影響していたと考えられます。もし私の推測が当たっていればの話ですが、「東吉本」の「東」を取ってしまう行為を復姓に結び付けるというアイデアは、沖縄の屋号の付け方を知らなければ思いつくものではありません。この手続き変更には、沖縄研究をしていた人々のアドバイスがあったのではないかと思います。

この手続き変更との関連はわかりませんが、沖縄県の統計課が県内各市町村に苗字の調査を依頼しています。その調査は、①県内在住の人の苗字にはどんなものがあるか、②多い苗字と少ない苗字はなにか、③珍しい苗字や読み難い苗字にはどのようなものがあるか、について明らかにすることが目的とされています。

この調査結果は、沖縄県統計協会が年四回発行している『沖縄統計』に「県下の姓調べ」というタイトルで発表されました。１９４０年（昭和15）３月に刊行された『沖縄統計』第４巻第１号には那覇市と首里市（現那覇市）の調査結果が掲載されています。これによると、その後各郡の調査結果を連載する予定であると書いてありますが、その後刊行された『沖縄統計』の存在が確認できないので、残念ながら首里市と那覇市以外の町村の調査結果はわかりません。しかし沖縄県が苗字の調査を行い、統計課には各市町村に存在する苗字に関する情報があったこと、そして統計課の所管である沖縄県統計協会の刊行物である『沖縄統計』が苗字の問題を取り上げたということから、沖縄県が苗字の問題に対して、何らかの取り組みを計画していたと考えられます。

各町村の対応

一方、県内の各町村ではどうだったのでしょうか。太田良博氏によれば「勝連村では〈改姓協議会〉を組織して、難解な姓を駆逐する具体的な運動もあった」ということです。この「改姓協議会」という組織が、どのような人々による組織で、具体的にどのような活動を行ったのかは資料がないのでわかりませんが、勝連村（現うるま市）は屋号を苗字として登録した人が多かったと考えられる地域なので、その影響もあって設立された組織ではないかと思います。また伊平屋村でも苗字の読み方の統一運動があったようです。社会学者の河村只雄《かわむらただお》は、そのようすを次のように書いています。

〈伊平屋では小学校と役場とが協議して「金城《カナグスク》」は「キンジョウ」「新城《アラグスク》」は「シンジョウ」「東門《アガリジョウ》」は「ヒガシカド」といつた風にそれぞれ読み方を統一することにして居る…〉（河村只雄「続南方文化の探求（二）」『国民精神文化 第7巻第1号』国民精神文化研究所、1940）

ちなみに伊平屋の「読み替え」のお手本に出ている「金城（キンジョウ）」・「新城（シンジョウ）」・「東門（ヒガシカド）」の三事例は、すべて「姓の呼称統一調査会」が示した「読み替え」の表と一致します。伊平屋の「読み替え」の統一運動は、島袋源一郎を中心とした「姓の呼称統一調査会」の「読み替え」方針を基準としたものだったと考えられます。このような地方での苗字の「読み替え」統一や復姓基準の緩和などの運動は、実際どこまで効果があったのでしょうか。もちろん地域によって違いがあると思いますが、いくつかの事例を紹介したいと思います。

「改姓協議会」があった勝連村の浜という集落で、先ほど出てきた河村只雄が小学校の生徒と次のようなやり取りをしました。

河村「トーモン先生を呼んできてください」
生徒「トーモン先生？」
河村「(読み方を間違えたかな？) ヒガシカド先生を呼んできてください」
生徒「ヒガシカド先生？…あの…アガリジョウ先生のことですか」

うすうすおわかりだとは思いますが、河村は「東門」先生を呼んできてほしかったのです。しかし、生徒たちは方言読みの「アガリジョウ」以外の読み方を知らなかったのです。「改姓協議会」が設置された勝連村で、このようなやりとりがあったというのは皮肉な話です。

金武村（現金武町）では、戦前まで「与那城」は「ヨナグスク」、「金城」は「カナグスク」と呼んでおり、戦後になって「ヨナシロ」や「キンジョウ」となったという話を、当時を覚えている皆さんから聞きました。また金武の小学校を出て首里や那覇の学校に進学した場合、金武での読み方「カナグスク」から首里や那覇での読み方「カナシロ」に変わっていったというのです。ちなみに首里や那覇での読み方を「ハイカラ読み」と呼んでいたという方もいました。同様の事例は各地で確認出来るので、「読み替え」やその統一は、沖縄県下一円で徹底されていたというわけではなかったのです。

「読み替え」の統一を訴えた島袋源一郎は、１９４２年（昭和17）に病気のためこの世を去りました。島袋は「読み替え」の統一を見届けることができませんでしたが、彼の遺志は引き継がれていたようです。島袋の死から約一年後に、沖縄県の教学部が定めた昭和18年度の重点行事表には、一月の重点行事として「人名地名呼称統一」という改善運動の項目が書かれています（沖縄県教育会 編『沖縄教育』第３１８号　沖縄県教育会、１９４３）。ただし残念ながら、達成には至らなかったことは前に述べたとおりです。

戦争の影響は徐々に沖縄県にも現れてきます。戦時体制の地方行政を強化するため1942年（昭和17）7月に国頭・中頭・島尻に地方事務所が設置されます。このとき知事決裁であった復姓の申請は地方事務所の所長が許可を出すことになりました。この後太平洋戦争は激化の一途をたどり、1945年（昭和20）4月1日アメリカ軍が沖縄本島に上陸、日本国内で唯一の民間人をまきこんだ地上戦となった沖縄戦に巻き込まれていきます。そして沖縄の苗字も大きな激動にのみ込まれていくことになるのです。

第二節　沖縄の苗字をめぐる知識人

沖縄の苗字は時代を経るごとに、特に沖縄県外在住の沖縄県出身者から「目のかたき」のように扱われるようになりました。沖縄出身の知識人たちは、自分たちの持つ沖縄の苗字をどのようにみていたのでしょうか。彼らが新聞や雑誌で発表した「沖縄の苗字」に関する文章をたどりながら、確認してみたいと思います。

不機嫌な伊波普猷

「沖縄学の父」伊波普猷は、沖縄の苗字の「読み替え」や復姓についてどう考えていたのでしょうか。伊波が、苗字の「読み替え」や復姓について取り上げた文章から、伊波の気持ちを読み取ってみたいと思います。

1930年（昭和5）伊波は「読み替え」について、次のように述べています。

〈国語を統一することがよいという人々のお遊びのために、自分たちの姓名や生まれた土地の読み方を勝手に読み替えられるのは、かなり不愉快なことである〉（筆者現代語訳　伊波普猷「那覇の読み方」萩原正徳編『旅と伝説』第3巻第2号　三元社、1930）

伊波は大分怒っているようです。じつは伊波は、自分の氏名の読み方にものすごくこだわりを持っていた人物であったことが指摘されています。彼の著作やサインは「IHA」（イハ）ではなく「IFA」（イファ）と書かれています。明治～大正の発音は『沖縄語辞典』に「イファ」とあります。彼は古い「イファ」という発音にこだわっていたのです。

また生まれた土地である那覇の読み方についても、次のように述べています。

〈那覇はもともとナファまたはナーファと発音されていたが、標準語の普及とともにナハとなってしまった〉（筆者現代語訳　伊波前掲）

伊波はこのように嘆いていますが、その4年後の1934年（昭和9）の3月に放送用語並発音改善委員会は那覇の正式な読み方を「ナハ」としたようです。ちなみに、ほぼ同じころに文部省臨時国語調査会は「日本」の呼び方を「ニッポン」と決めます。

伊波は「読み替え」に対してはっきり「不愉快である」と述べるところをみると、「読み替え」反対派なのでしょうか。1936年（昭和11）年8月から9月にかけて「仲村渠」という地名についての考察を新聞に連載するなかで、次のように沖縄の苗字に対する考え方を述べています。

〈私は改姓に無理を押してまで反対する者ではないが、改姓しなければならないとしたら、なるべく伝統を重んじるべきであり、「仲村渠」という苗字の「渠」をとって「仲村」にするというような「姓の腹切」はして欲しくない。古い時代の漢字の読み方に戻しても、日本的な響きが出ない場合は復姓もやむを得ないだろう。八幡一郎君の場合、旧姓の仲井真の前の家名が八幡だったので八幡に復姓できたが、あらかじめ東恩納寛惇の地名辞典でも読んで、玉城間切の「仲栄真」が古くは「中やま」と表記してあったことを知っていれば、わざわざ八幡なんかに復姓する必要はなく、仲井真の一部を改造して「中山」とするのが、より伝統的であっただろう。八幡君の復姓に関する相談相手であった私は、その時このことに気づかなかったことを残念に思っている〉（筆者現代語訳　伊波普猷「塔の山より」『沖縄日報』1936年8月20日）

先ほどのように激しい調子ではありませんが、やはり伊波は「読み替え」や復姓をあまり快く思っていないようです。ちなみに「仲井真」と「仲栄真」は一字違いですが、伊波は気付かずに間違えたのでしょうか。じつは「仲井真」と「仲栄真」は、方言では同じ「ナケーマ」という発音になるのです。伊波は、漢字は後の時代の当て字と考えて、発音を重要視したために「仲井真」と「仲栄真」を同一に扱ったのだと思います。

続いて苗字の変更についてですが、伊波はどうしても変更するのならば、古い時代の苗字へ戻すという「伝統的」な変更ならばやむを得ないとしています。そして「読み替え」

や復姓をした人について、伊波は次のように語ります。

〈私は改姓した人、または改姓しようとする人が、必ずしも沖縄の人々や文化などをいやしいものだと思う心を持っているとは考えていない。異国風の苗字のせいで学校や社会で子供たちが特殊扱いされるのを苦にして改姓しようとする人もいるに違いないので、そういう人に対しては同情を惜しまない〉（筆者現代語訳）

伊波は、「改姓する人の事情には同情を惜しまない」と述べていますが、なんとなく含みを持たせた文面です。そして周囲で行われている「読み替え」を次のように分類します。

①「日本的に響かせる」変更

「伊波（イファ）↓イバ」・「東恩納（フィヂャウンナ）↓ヒガオンナ」など

②漢字の読み方を変更

「金城（カナグスク）↓キンジョウ」・「宮良（ミヤラ）↓ミヤナガ」など

伊波は、これらの「読み替え」を行った人の気持ちは「近頃改姓する人々のそれと五十歩百歩と言ってよかろう」とバッサリ切り捨てます。「読み替え」したら、もう別の苗字になってしまったのと同然だというように、突き放すような表現にも取れます。

伊波はこのような「読み替え」が発生した原因を、廃藩置県により薩摩の「日本名」禁止の命令が効力を失い、沖縄県人の県外発展が目覚ましくなったためであるとします。そして苗字の「読み替え」は「半世紀間も無意識に進行」してきたので、人々が自覚していないだけだと冷やかに分析しています。「同情している」とは言っていますが、やはり不愉快なようです。

1941年（昭和16）1月1日、『大阪球陽新報』に伊波が再び「仲村渠」という地名について考察した論文が掲載されます。


〈「仲村渠」という苗字は、ナカンダカリと読むと外国の苗字みたいな響きなので、「渠」の一字を切り棄てた人がいる。古い時代の発音に戻して「ナカムラカレ」と読ませることが当たり障りがない方法であった。少々長すぎるという心配もあるが、本土の苗字にも「中上川」というものがある。無理やりに「クシャミまで本土人に似せろ」というモットーなどを作って指導するから、いつのまにか本土から見て特殊なものを嫌がる風潮に慣れてしまい、自ら苗字や名前を変更する「姓名の自

殺」まで流行するようになるのだ〉（筆者現代語訳　伊波普猷「仲村渠考」『大阪球陽新報』1941年1月1日）

伊波は苗字を変更する人々に対して「同情」どころか、「姓名の自殺」と鋭く批判しています。沖縄の独自性を「無双絶倫（ユニークネス）」と呼び、誇りをもって沖縄学に取り組んできた伊波にとって、差別と偏見があったとはいえ、自らの苗字を捨てていく人々を許すことができなかったのかもしれません。

伊波のこれらの文章は、すべて東京で書かれたものだと思われます。伊波は1925年（大正14）研究活動の場所を沖縄から東京へと移していたのです。そんな彼のことを、周りの人々はどのように呼んでいたのでしょうか。教育者であり琉歌や芸能の研究者であった島袋盛敏が次のように書いています。

〈本土出身の人々は、「伊波」をイファともイハとも呼ばないで、「いば」先生とか「いなみ」先生とかいっている〉（筆者意訳　島袋盛敏「伊波先生を寿ぐ」『沖縄朝日新聞』1936年1月1日）。

「イファ」に人一倍こだわりのある伊波に対して「いば」に「いなみ」というのは、実にまずいですね。誰からも「イファ」はおろか「イハ」とも呼んでもらえなかった伊波普猷は、きっとおもしろくなかったに違いありません。

ちなみに伊波は自身の「普猷」という名前については、どう思っていたのでしょうか。伊波自身が次のように書きのこしています。

〈普猷の「猷」の字は、画数が多くて安定した感じが良いけれど、お坊さんみたいで困る。気をつけて読まないで「ケン」と間違って読んだり、「献」の字と間違えたりする人がいて迷惑することがある。それに「フユー」という読み方が、沖縄方言の「フユー（なまける）」を連想させるのでおもしろくない。ときどき、名前を付けてくれた普久嶺親方の常識を疑ったり、ひょっとするとこの名前のせいで私はこんな性格になってしまったのではないかと気にしたりすることがある〉（筆者現代語訳　伊波普猷「鶏肋集」『琉球新報』１９３３年6月14日）

どうやら伊波は自分の名前にも満足していないようです。

源武雄「人名比較による日琉同祖論」

源武雄は東風平村（現八重瀬町）出身の民俗学の研究者です。源の発表した「人名比較による日琉同祖論」（『沖縄日報』1936年12月8日〜1937年1月5日）は、沖縄と日本の歴史上に出てくる名前を比較しながら、その共通点を明らかにしようとする研究論文ですが、その一部に源の沖縄の苗字に対する歴史観や改姓についての考え方が述べられているので、取り上げてみたいと思います。

まず源は沖縄の苗字には、「随分《ずいぶん》と妙な無理な表記法」があると指摘します。それを「琉球発音の万葉仮名《まんようがな》式表記」と呼んでいます。この沖縄特有の苗字や名前に対する差別観念が、解消したとはいえない状況であるとして、その原因を「琉球人と呼ぶ時の一種の差別的観念」が沖縄の珍しい苗字と名前にまとわりついているせいではないかと分析します。

そして源は、沖縄の苗字が珍しい理由を、①薩摩の島津氏が薩摩人と琉球人を区別するために苗字を改め、②「万葉仮名式表記」とされたためであると考察しています。

①は伊波普猷や真境名安興の研究の影響だと思われます。ただし源は「こんな歴史的事実があったかどうかは直接自らが調査したわけではないから何ともいえないが」という断りを入れています。

②は、漢字の意味を用いた表記ではなく、音をあてた表記であるということのようです。たとえば本土の苗字ができた時の話として、山の近くに田んぼを持っていた人が「山田」さんになったとか、池の近くに住んでいたので「池辺」さんになったというような話を聞きます。「山田」も「池辺」も漢字の意味に沿った苗字なので、苗字を見ればその由来もわかるような気がします。しかし「山田」さんを「屋真田」、「池辺」さんを「伊慶辺」と書くと、元の意味はさっぱりわからなくなります。それだけでなく源が指摘するように、なんとなく沖縄風の苗字に見えてくるような気もします。

源は、これらの見解を踏まえて、薩摩によって変えられた苗字は「どしどしと」元に戻し、「万葉仮名式表記」は元の表記に戻すという改善策を提示します。

源は、薩摩の件については自分が確認していないから本当かどうかわからないと断ったのに、「どしどしと」元に戻せばよいという、少し無責任な主張をしています。また「万葉仮名式表記」を元に戻す方法についての詳しい説明はありませんが、古文書に掲載された苗字のなかから、読み方が同じで日本風の表記である苗字を選んで使用する、ということでしょう。

この論文から見た源の沖縄の苗字問題に対する姿勢の特徴は、「変えればよい」という賛成の意見を出してはいますが、現実問題として戸籍法をクリアする方法などについては全く触れていないということです。彼は民俗学の立場から「日琉同祖論」を証明することが目的ですから、沖縄県出身者の差別や偏見を取り除くための活動は二の次だったのでしょう。

奥里将建「地名姓名」

奥里将建は宜野湾出身の国語学者です。琉球方言の研究から始まり、のちに四国や近畿の方言研究に取り組みました。沖縄県内で教員をしていましたが、1929年（昭和4）からは神戸で約30年間教員をつとめました。奥里が「地名姓名」（『沖縄日報』1937年3月8〜12日）を書いた理由は、友人から「今沖縄では難しい苗字の読み方が大問題になっているらしいので、それについて意見を述べなさい」と頼まれたからでした。その内容は、沖縄の地名や苗字の成り立ちを、日本本土の事例と比較しながら考察するというものですが、沖縄の苗字問題を意識したものとなっているのでご紹介しましょう。

奥里は沖縄の苗字が読みにくいという問題について、「沖縄だけに限った問題ではなく、本土でも問題になっている。沖縄はその程度がひどいだけ」（筆者現代語訳）であると考えています。そして本土の読みにくい苗字が生まれた理由について、明治時代の戸籍作成時に大工をしていたから「大工」、樽屋だったので「多留」、というふうに戸籍担当者がイタズラでつけたためであると説明します。

奥里は沖縄でも同様だったとして、首里や那覇に近い地域では屋号を苗字として登録しなかったのに、地方に行くと屋号を苗字として登録してしまったのは、当時の戸籍担当者がしっかりした考えを持っていなかったからであるとしています。さらに、薩摩の役人によって変えられたという説にも触れていますが「証明する資料が手元にないから、はっきり言い切ることは避けておく」（筆者現代語訳）と述べた上で、最大の原因は沖縄に漢字が入って来た時に発生したとして、地名や苗字を漢字の当て字で表記したことにあると指摘します。この奥里の考え方をみる限り、真境名や伊波の薩摩変更説に対してやや批判的姿勢が見えます。

さてそんな奥里の主張する苗字問題の解決方法は、次のようなものでした。

①近世の沖縄のなまりによるものは、元の発音に戻す
　例「アグニ↓アワグニ（粟国）」・「ニシンダ↓ニシヒラ（西平）」など

②音読みへの「読み替え」はダメ

例「カナグシク↓キンジョウ（金城）」はダメ

③「グシク（城）」は個人的には、「読み替え」しないで残してほしい

④「グシク（城）」が無理なら、訓読みの「シロ」・「キ」としたい

例「カナシロ（金城）」・「アラキ（新城）」・「コシロ（湖城）」など

⑤「ジョー（門）」は古代日本語を尊重して「ト」としたい

例「ウエト（上門）」・「シモト（下門）」・「前上門（マエウエト）」など

⑥国語史と沖縄方言の関係から、「読み替え」しないで残してほしいものもある

例「金武（キン）」・「奥武（オウ）」・「伊芸（イゲ）」

このように、国語学者の奥里ならではという独特な提案も含まれています。奥里は、③の主張について、「グシク（城）」は「純然たる古代日本語」であるという根拠を挙げています。そして⑤については、「ジョー（門）」という方言は「北陸以北の地方」にかなりあり、その流れを汲んだ「東條」や「西條」という苗字があるとして、沖縄でも戸籍法が許せば「上門↓上條」としたい気もするが、「條」は後に変更された文字であり、しかも音読みだからやっぱりダメだという、彼一流のこだわりのある理論を展開しています。

これら奥里の主張は、沖縄の苗字や地名から「古代日本語」を見出して、それに戻すこ

とが柱となっていることがわかります。そのためには、中国から渡来した音読みに「読み替え」することは、もってのほかであるというわけです。しかし研究者の立場から、「城（グスク）」・「金武（キン）」・「奥武（オウ）」などは残してほしいという、奥里のわがままみたいな意見も含まれています。

そんな奥里も、「大工廻」・「比屋定」・「仲村渠」などの苗字については、どう「読み替え」しても「異様」に聞こえるので白旗を上げて降参しています。そして、これらの苗字が社会生活上の支障となるのであれば、祖先を大事にする戸籍法の考え方に反してしまうが、戸籍上の「家」をとだえさせる「絶家」の手続きをして、苗字を葬り去るよりほかはないと述べます。その事例として、苗字問題に悩んでいた友人が立派な苗字の家の養子となって解決したことを紹介して、「この方法を、友人のように苗字問題に苦しんでいる人々に薦めたい」（筆者現代語訳）としています。

以上を踏まえて、奥里の苗字問題に対する姿勢の特徴について述べてみたいと思います。奥里は方言を研究する国語学者として、「古代日本語」であるかどうかを基準として考えています。また苗字問題の解決については、原則として訓読みに限定した「読み替え」という手法を主張しています。どうにもならない場合は「養子に行け」という大変適当な形でお茶を濁しており実戦的なアドバイスとはなっていませんが、訓読み限定の「読み替え」や、国語学者として「古代日本語」や各地の方言との比較検討をするなど、自身の研究成果を踏まえた奥里ならではの内容であるといえます。

親泊康永「改姓問題について」

さて最後にご紹介するのは、親泊康永の「改姓問題について」（親泊康永『文化沖縄の建設―新生活運動の設計―』新興社、1938）です。親泊康永は那覇市泊出身の社会活動家で、明治時代に自由民権運動に取り組んだ謝花昇の生涯を記した『義人 謝花昇伝』の執筆者でもあります。親泊は、おもに沖縄県外を活動の場として、精力的に沖縄県出身者の生活改善に取り組んでいました。しかし沖縄でも活動をしており、1938年（昭和13）2月11日の『琉球新報』掲載の「改姓と服装改善運動に帰県」の記事では、次のように取り上げられています。

〈沖縄県民の生活改善運動に乗り出すために沖縄県に戻った親泊康永氏は次のように語っています。「沖縄県民が、古い風習や不合理な伝統のもとで文化的でない生活を営んでいる現状を打破したいと思い、文化促進同盟という団体を作って苗字変更と服装改善の運動に尽力したいと思います。難しい苗字のせいで18年間も悩んでいた沖縄県人が、苗字変更したためにどんなに喜んでいるかということを私は知っています。また服装改善については、このたび関東各地を歩き回り、その必要を感じました〉（筆者現代語訳）

このような考え方を持った親泊が、苗字問題についてどう考えていたかを、「改姓問題について」という文章からご紹介したいと思います。

まず親泊は、県内ではそれほど不便は感じないが、一歩県外に出ると本当に重大な問題になると述べて、沖縄県内と県外では苗字問題に温度差があることを指摘します。そして沖縄県外の人とほとんど接触もなかった昔なら良いが、現在では移民・出稼ぎ・進学などにより頻繁に関わるようになったのだから、「社会問題」として考えなければいけないと主張します。

そして親泊は、「祖先に失礼である」とか「我が国の家族制度を壊すものだ」と言う苗字変更の反対派に対しては、読み難くて不利益を受ける苗字に限って変更の自由を訴えるのであり、反対派は「ひどい勘違い」であると述べます。

このように苗字変更の目的と意義を説明した親泊は、次に具体的な苗字の変更方法について語り始めます。

従来の復姓や養子縁組という方法は、制限が多く一般大衆に受け入れられるものではないとして、沖縄県が一定期間内自由に苗字変更できる特例を設けるという方法を提案するのです。この方法は、のちに触れる大阪南島文化協会の座談会の席で、比嘉春潮などが提唱した方法と全く同じものです。親泊は比嘉春潮をはじめ東京・大阪の南島文化協会の会員と親しい関係であったので、この「特例設置」案は、彼らの共通の認識であり目標だったと考えられます。

さて「特例設置」案ですが、親泊は県民の生活と発展の上で「重大な問題」であるとして、沖縄県当局への「特例設置」実現運動を提案します。親泊の運動方針は、①苗字変更運動に必要な調査や資料収集を行い、②絶えず県民に呼び掛けて苗字問題を強調して、③請願運動のような大衆運動を起こすことでした。
①は、戸籍法などの法律研究や、沖縄独自の苗字の成り立ちや歴史の研究を行い、苗字変更の根拠にするということだと思われます。

②は、苗字変更熱の高まりに欠ける沖縄県内でこの運動を知ってもらうという狙いがあり、その苗字変更熱を高めたところで③の大衆運動に持っていき、沖縄県当局を動かそうという作戦が見て取ることができます。

さて、この文章から見た親泊の苗字問題の取り組みの特徴ですが、他の知識人が必ずと言っていいほど持ち出してくる薩摩による歴史的根拠を持ち出すこともなく、改善しなければならない生活上の障害のうちの一問題として見ているような、非常にクールな印象を受けます。今まで紹介した知識人と比較すると少し異色な人物ですが、生活改善の現場にいる社会運動家だからこそ、沖縄の歴史や文化に引き摺られることのない徹底した考え方に行きついていたのかもしれません。

そんな親泊は、「改姓問題について」を発表してから約50年たって、回顧録を出版していますが、そのなかで当時の苗字問題についてこのように書いています。

〈東京においては当時、比嘉春潮氏や、八幡一郎氏、金城朝永氏等がこの問題を熱心に検討されていた。それによって大変助かったと喜んだ労働者の実例もあり、当時における切実な問題として各方面から注目されていた〉（親泊康永『自由への歩み―わが

思い出の記』沖縄時事出版、1982）

半世紀前に苗字変更問題に取り組んだ諸氏の名前を挙げていますが、親泊の名前がありません。それだけでなく、この本で苗字問題に触れている部分には、当時の状況の説明はあるのですが、親泊自身の活動については一切触れられていません。親泊は謙虚なので、自分の手柄はあまり語りたくないのでしょうか。

しかし『義人 謝花昇』出版の話や、自費で那覇港付近に観光案内看板を作った話について、その苦労と奮闘ぶりを語っているところを見ると、そういうわけでもないようです。

じつは親泊を含めて苗字問題に関わった人が、当時の活動を振り返った記録は、ほとんどありません。ちなみに比嘉春潮は戦後になって、「沖縄人の姓について」と「沖縄人の改姓」（比嘉春潮『比嘉春潮全集 第3巻 文化・民俗編』沖縄タイムス社、1971）という文章を書きます。どちらも沖縄の苗字をテーマとしたもので、島袋源一郎が苗字の読み方統一を提唱したことには触れていますが、自身が東京や大阪で苗字問題に取り組んだことについては書かれていません。苗字変更問題は、彼らにとってあまり思い出したくない過去だったのかもしれません。

第三節　「読み難い姓名改姓座談会」

１９３７年（昭和12）３月に大阪南島文化協会の主催で行われた座談会の様子を伝えた新聞記事があります。参加者は東京在住の比嘉春潮・八幡一郎・金城朝永、大阪在住の豊川忠進（弁護士）・下地玄信（計理士）他17名でした。この座談会で交わされた会話から、苗字問題の部分を現代語訳して紹介したいと思います。

白熱する座談会

【司会】「これから開会いたします。議長を豊川さんにやっていただきます。」

【豊川忠進】「昨晩は、我々大阪南島文化協会のために大変有益なお話をお聞きすることができて、心から感謝しております。（中略）同郷のよしみで家族のような親しい話し合いをお願いいたします。東京の先輩方には、大阪の協会に対してハッキリとご感想とご希望を述べていただいて、今後も我々の指導役になってもらいたいと思います。」

【比嘉周子】「苗字のせいで引け目を感じたり、変えた方が将来のため良いと思われる方は変えられたら良いと思います。そんなことは個人の自由に任しておいたら良いでしょう。」

【八幡一郎】「今私たちが使っている苗字は、一種の記号に過ぎないと思います。大部分の苗字は300～400年前からのものが多いのですが、一般の人々は有史以前からあると思い違いをしているようです。私はいろいろ不便なことがあったので仲井真から、祖先の名乗った苗字のひとつである八幡へと苗字を変更しました。

苗字の変更方法は、先祖の苗字に復帰する「復姓」と、新しい「家」を作って自分が選んだ苗字を名乗る「一家創立」という二通りの方法があります。自分の苗字のせいで不便を感じている人は、この方法をよく研究して苗字を変更した方が良いと思います。沖縄の苗字は、薩摩の島津氏の圧迫によって故意に変更されたこともあるのですから、むしろ先祖の苗字に戻ることは正しいことだと思います。

今の時代になって、先祖がもらっていた領地の地名に由来する苗字を大事にして、生活上の不便を問題としないというのは、あまりにも視野が狭すぎると思います。国際的な視野を持って、沖縄を見直すべき時代に入っていると思います。」

【真栄田勝朗】「今の八幡さんのお話では、不便だと感じる人は自由に苗字を変更した方が良いということですが、実際には手続きなどが面倒なのではないですか。それよりも自由な苗字変更を一定期間に限って受け付けるようにした方が良いと思います。」

【比嘉春潮】「慶長年間（1569〜1615年）に薩摩の島津が、日本人と紛らわしい苗字を故意に変更させたことがありました。私の「比嘉」という苗字は、もともとは「東」だったのだと思います。それに使われている漢字は、後の時代の当て字です。「真栄田」はもともと「前田」、「読谷山」は「四方谷山」だったのです。

真栄田くんが言ったような自由な苗字変更が、法律上可能なのかどうかはわかりませんが、実現できるように運動をしていくことはできるだろうと思います。明治時代以降、沖縄も日本との接触が多くなったので、日本で通用するものでなければ困る場合が多いです。

私も苗字の変更問題に興味を持っています。私の「比嘉」は沖縄では「ヒジャ」ですが、今ではほとんど「ヒガ」で通っています。こういう軽い意味の苗字変更は日常生活上やむを得ないことでしょう。沖縄でもこのごろ、共通語の発音通りに読むことと、どのように「読み替え」するかということが問題になっているようです。

苗字の問題について、皆さんの経験談をたくさん話してください。その多くの実例のなかから共通点があれば、世論に訴えて解決できるかも知れないと考えています。」

【豊川忠進】「私の元の苗字は「安富祖」でした。苗字を変更するときには親類たちが「先祖の姓をつぶしてしまうのは不謹慎だ」と大変反対されました。でも読み難い苗字のせいでたくさんの苦い経験をしてきたので、とうとう反対を押し切って苗字を変更しました。

苦い経験をご紹介しますと、外国にいたときのことですが外国人は「Afuso」を「アフユーソ」と読み、「アフソ」と正確な発音をしてもらえず、いろいろと不便を感じました。それから弁護士の国家試験のときに、三人の試験官が私の苗字の読み方がわからなかったらしく、私が「アフソ」という読み方を教えると、「ハハー、君は沖縄だな」と言われて度肝を抜かれました。幸いに試験は合格しましたが、弁護士になった後も、職業上非常に不便なので豊川という先祖の苗字に変更しました。

私の先祖の苗字は「豊川」↓「末吉」↓「奥川」↓「安富祖」と変更されてきました。「豊川」というのは祖父の弟の苗字ですが、跡継ぎの不在で家が絶えていたので私が継いだわけです。

ブラジルなどに出稼ぎに行っている移民から、苗字変更に関する質問を10以上も受けたので、研究を続けてきましたが現在の法律で許されている方法だけでは変更は困難ですし、新しい家をつくって自由な苗字を選択することができる方法もありますが、手続きが難しい。沖縄独特の法律でもつくって、一定の期間内に限って自由に変更できるように出来ればよいと思います。」

【八幡一郎】「沖縄の苗字が他県などと比べてローカルカラーが強いのは、長い間孤立していたからというのもあるでしょうが、首里王府には文献がありますが地方にはないので、段々発音が変わって変なものになってしまう例が多くあるようです。「イシハラ」が「イシャラ(伊舎良)」になり、玉城村(現南城市)に「ブータ」という家があるので調べてみたら、以前は「クボタ」だったのです。」

【山城興善】「これからは日本的・国際的にならなければいけないというお話は、大変心から同感します。沖縄の苗字の不便さは私も痛感しています。先日比嘉さんにお電話しましたら、発音が通じないので30分もかかってしまい、忙しい時などは大変困ってしまいます。

私の経営する店に「禰覇《ねは》」という人がいましたが、本土の人は誰も読めませんし、電話の場合は特に困りました。中国人と間違えられたり、郵便が届くのに1ヶ月もかかったりしたことがあります。

これから生まれてくる子供たちのためにも、苗字はぜひ一般的なものでなければ困ると思います。苗字だけでなく女性の名前も変える必要があると思います。」

【八幡一郎】「沖縄の風習を守ろうとする人は、「日本のマネをしている」と考えて、「出世すれば沖縄の難しい苗字も広く知ってもらえるようになり、あたりまえの良い苗字になる」と考えているらしいですが、決してそんなことはないと思います。

沖縄の歴史をさかのぼれば、立派に日本的な苗字として通用するものがあるのに、わざわざ難しい苗字に固執するのは、かえってヒガミだと思います。」

【比嘉周子】「私は沖縄から来て、こちらの学校へ入ったとき、私の旧姓である「渡嘉敷」を友人に「自分なりに読んでみてください」と見せたら、初めはいろいろ変な読み方をしました。でも最後にはやっぱり「トカシキ」と読みました。

それからは、独特の苗字なので逆によく覚えてくれました。「難しい苗字というのも良いことなのかな」と考えたことがあります。」

【謝花健良】「私の苗字の「謝花」は、電話の時に困ります。字を説明すると「シャカさんですか？」といわれますし、職場である役所の雑用係は、よくわからない電話がかかってくるとすぐに私の所に取り次ぎに来るので、全く嫌になってしまいます。」

【金城朝永】「苗字の変更に反対される方は、たいてい「日本人のマネをするのはいけない」

とか「出世すれば難しい苗字でも良いではないか」という古い風習を守ろうとする意見を持っておられるようです。しかし、それは日常の生活の不便というものを考えておらず、ただ先祖のたてた功績だけを、英雄を称えるのと同じように尊んでいるような、つまらない感情にすぎないと思います。

私たちは現在、沖縄の苗字を50音順に並べて、読みにくい不便なものを統計に取っていますが、近頃は沖縄県内でも島袋源一郎氏が「読み替え」の運動をやっておられるようです。沖縄では読めるが本土では通用しない苗字を、わかりやすいように読み方を変更するという方法なのです。たとえば「金城（カナグスク）」を「キンジョウ」と「読み替え」するなど、70種類くらいの「読み替え」を認めています。

先ほど、山城さんがおっしゃった女性の名前も、ぜひ変えなければならないと思っています。しかし男性の名前でも、士族の名前に用いられた「ナヌイガシラ（名乗頭）」に縛られないで自由な字を使ったら良いと思います。私は自分の子供の名前には「ナヌイガシラ」を使っていません。

大阪の南島文化協会の方々も、とても進歩的な意見を持っておられるようですから、ぜひ東京の協会と協力してください。」

【豊川忠進】「実際、苗字の変更問題は我々の出世問題にも影響するから、たくさん不便な理由を並べて苗字問題が「沖縄の大問題」として取り上げられるように、最後まで運動を続けていきたいと思っています。」

【真栄田勝朗】「まったく我々の将来にも関係することですね。労働者が沖縄の苗字を隠して偽名で工場に入ったが、後でバレてしまってクビになった例もありますから。」

【目取真朝信】「僕は市電に勤めていた時に電車内に名刺を掲げていたので、たくさんの人から読み方を聞かれたり、時にはバカにして笑うような態度をされたりして、まったくシャクにさわりましたね。病院では苗字を間違って「目鳥馬」と書かれたことがありますし、妻が就職試験を受けに行ったときには「目取真八重」を「メトリ・マヤエ」と呼ばれたので気付かずにいて、最後まで残されたそうです。書留などで、「目」と「取」をくっつけて「最」にされて「目取真」を「最真」と書かれてしまい、チョイチョイ郵便物が遅れたりするので全く困ってしまいます。」

【賀根村賀信】「私の知り合いで、本当は「仲村渠」のところを「中村」と名乗っていたため、息子は「中村」が本当の苗字だと思って、そのつもりで徴兵検査を受けたところ、「仲村渠」という人が検査を受けていないということになって問題になり、後で「中村」という通称を使っていたことがわかり、試験官からうんと油をしぼられた例があります。」
【比嘉春潮】「そういう例はかなりあるでしょう。」
【賀根村賀信】「そうですね、どうも日常生活の上で不便だからと一般的に通用する文字を使うと、徴兵検査のような公の場でちょっと困った結果になる場合があります。」
【比嘉春潮】「大阪の労働者たちの苦い経験をたくさん聞きたいのですが、今晩は時間がありませんので、大阪南島文化協会で意見をまとめてもらって、東京へ送って下さいませんか？世論に訴える良い材料ですから。」
【豊川忠進】「『自分はこんなに偉い先祖を持っているんだ』といばってみたところで、自分が「アホウ」じゃしょうがありませんからね。」
【謝花健良】「大人はともかく、これから伸びる子供のためには何とかしなければならない問題だと思っています。私の子供は入学試験の時に「初めての先生は「謝花」という苗字が読めないからビクビクする」と言って、最近は「本籍を大阪に移してほしい」とさえ言っています。」
【比嘉春潮】「全くよけいな苦労をかけると、子供たちにも気の毒ですからね。」
【豊川忠進】「苗字問題に反対する人は知識が足りない人ですね。これから実例をあつめて交換研究しましょう。」
【比嘉春潮】「大阪の人々の熱意をうかがって、遠い所に同志を得たような気がして心強くなりました。」
【豊川忠進】「昔のことをそのまま残せというのは、全くムチャですよ。」
【金城朝永】「歴史を知らないのですね。」
【八幡一郎】「歴史は我々が作るのですから。」
【豊川忠進】「昔を研究して将来の見通しをたてることが、本当の歴史研究家だと思います。」
【安慶名宣良】「私など「安慶名」を「アンケナ」・「ヤスケナ」・「アケ」などと言われるので、実に閉口しています」
【山城善光】「苗字変更を具体化する方法として、衆議院議員を利用するということは差し支えないことでしょうか?」
【豊川忠進】「ひょっとしたら、選挙違反になるかもしれませんね。」
【八幡一郎】「しかし運動が盛んになれば、自然と苗字変更問題を取り上げる議員も出てくるでしょう。」

【我喜屋宗信】「私は苗字変更には大いに賛成しますが、同時に琉装廃止も必要じゃないでしょうか。」
【比嘉春潮】「それは着々と進行しつつあるようです。」
【豊川忠進】「この苗字変更問題は、沖縄振興計画のひとつとしてぜひ進めていきたいと思います。」
【謝花健良】「大いに賛成です。」
【豊川忠進】「今晩はお忙しいなかをお集まり下さってありがとうございました。もっとゆっくり皆さまのお話を伺いたいと思います。しかし比嘉さんと金城さんが東京へかえられる汽車の時間も迫って参りますから散会したいと思いますが、最後に苗字問題の研究により一層の努力を皆さまにお願いしたい次第です。では大変ありがとうございました。」
（「読み難い姓名改姓座談会」『琉球新報』１９３７年４月14日〜20日）

苗字変更の賛成派と反対派の存在

それぞれの発言をみてみると、当時の苗字問題の大まかな姿が浮かび上がってきます。まず、苗字変更の賛成派と反対派の存在です。賛成派は座談会に参加している南島文化協会の人々をはじめとした、沖縄の苗字をハンディキャップと考えている人々です。賛成派は、苗字変更が正しいことである根拠として、「歴史上の事件」を持ち出してきます。「歴史上の事件」とはいうまでもなく、薩摩による「大和《やまと》めきたる」苗字の禁止です。つまり真境名安興や島袋源一郎が主張した「苗字を変更させられたから元に戻すのは正しい」という理屈を受け継いでいるといえます。

そして座談会の最後に豊川忠進が、苗字問題を「沖縄振興計画のひとつとしてぜひ進めていきたいと思います」と語っている点に注目です。「沖縄振興計画」、正確には沖縄県振興計画といいますが、この一環として苗字問題を取り上げるというのです。沖縄県振興計画は1933年（昭和8）から15年にわたって実施される予定だった計画で、沖縄県の産業基盤の整備と生産力の増強を目的としたものでした。いろいろ理由はつけられるかもしれませんが、苗字の問題と産業振興は本質的には別物です。結局、自由な苗字変更は実現しませんでしたが、豊川はどうやって苗字問題を計画に便乗させるつもりだったのでしょうか。

これに対して反対派の考え方を見てみましょう。反対派は、先祖を敬う精神や沖縄文化の尊重を盾にして苗字変更に反対しているようです。また「出世すれば、みんなが苗字の読み方を覚えるので珍しくなくなる」という意見もあるようです。これは他の資料でも「エラク成ったら上与那原でも海軍軍医界に名を成し…」（伊地朝義「復姓の弁」本山豊編『月刊文化沖縄』第2巻第6号　月刊文化沖縄社、1941）という反対意見が見られるので、おそらく決まり文句のようになっていたのだと思います。

上与那原というのは、沖縄県初の海軍軍医になった上与那原朝珍という人物のことです。上与那原は「沖縄独特の姓だがそれを変えず、沖縄人であることを誇りにしていた」（平良浩「上与那原朝珍」『沖縄大百科事典』上　沖縄タイムス社、1983）という人物でした。

ちなみに、賛成派の意見が書かれた資料と比べて反対派のものは大変少ないので、その具体的な反対意見や活動というものはよくわかっていません。そのため反対派が、どのような考えで反対していたのかを伺うことができる資料は貴重なのです。

さて、この座談会で一人だけ変わった発言をしている人がいるのに気付いたでしょうか。比嘉周子という人物です。周囲で沖縄の苗字による不快な経験や、反対派への批難が次々と述べられるなかで、彼女は一人「苗字を変えたい人は変えればよいので、個人に任せておけばよい」とか、彼女の旧姓である渡嘉敷という苗字についても、難しい苗字なので逆に覚えてもらえたから「難しい苗字というのも良いことなのかな」と考えたという発言をしています。比嘉周子とはどんな人物なのでしょうか。

彼女は1905年（明治38）現在の那覇市首里金城町で生まれ、その後大阪に移り住みバプテスト女子神学校を出ました。そして、大阪在住の沖縄県出身者によって結成された「赤琉会」の初期のメンバーとなります。「赤琉会」は、貧困などで苦しむ沖縄からの出稼ぎ労働者を救う目的で1923年（大正12）結成された団体です。1931年（昭和6）、都島幼稚園を設立して園長になり、幼児教育に力をつくします。戦後は関西主婦連合会の会長などを務め、牛肉不買スト運動、電気料金・フロ代値上げ反対、牛乳値下げ運動など生活者の権利を守る活動を行いました。2003年（平成15）には彼女の功績をたたえて、財団法人関西主婦会館は「財団法人比嘉正子記念会館」と名称変更されています。比嘉正子というのは彼女の通称です。

当時30歳そこそこの比嘉周子が、ガチガチの苗字変更賛成派の男性陣の前で発言した意見について、私には「苗字問題は表面的な問題のひとつであり、本質的な問題は別の所にある」と言っているように思えます。問題の本質をとらえる眼の鋭さと、自分の意見を堂々と発言する強さを感じさせるところは、同時代の女性で、沖縄出身を隠して本土で生きる叔父の姿を批判的に描いた小説『滅びゆく琉球女の手記』を書いた久志芙沙子のイメージと重なるような気がします。

苗字問題における知識人の立場

ここまで新聞や雑誌で発表された文章を見ながら、知識人たちの苗字問題に対する考え方を見てきました。これを踏まえて、苗字問題のなかで知識人がどのような立場にいたのかをまとめてみたいと思います。

まず、当時の苗字変更運動の構図について見てみましょう。比嘉春潮や八幡一郎などの東京の知識人が運動に積極的に取り組み、大阪の知識人たちも真栄田勝朗らを中心として活動しています。一方沖縄県内では、島袋源一郎と「姓の呼称統一調査会」が孤軍奮闘していますが、全県的な活動とはいえない状況であり、親泊康永をはじめとした東京と大阪の知識人たちの言動からは、沖縄県民への指導が必要であるとの思いが窺えます。

歴史学者の冨山一郎氏は、この当時の沖縄県出身者による大阪の生活改善運動について、〈「エリート層」による一般沖縄人の「矯正指導」というプロパガンダの構図が存在していたと考えられるのである〉（冨山一郎『近代日本社会と「沖縄人」』日本経済評論社、２００６）と指摘していますが、大変よく似た状況といえます。当時の苗字変更運動の構図について、冨山氏と納富氏（前掲２００７）の指摘をふまえて言えば、エリートである東京組と大阪組は、沖縄県民を「矯正指導」する立場にあると考えており、その「指導」には沖縄県内の世論を誘導する宣伝行為という性格があったといえます。

つまり、東京や大阪のエリートたちは指導者の立場から、苗字研究の成果や生活の合理化を武器に、沖縄県民に対して苗字変更の正当性を説いたわけです。

彼らが意図していたかどうかは別として、世論を誘導しようとしたことは確かです。先ほども述べましたが、戦争を生き抜いた知識人たちは、この当時の苗字問題を詳しく語っていません。したがって苗字変更運動を推進した当事者の心の内側はわかりませんが、単純に彼らの行為を非難するのもどうかと思います。

苗字問題に苦しむ人々がいたことは事実であり、問題解決により沖縄県出身者を救おうとしたことも事実でした。沖縄の苗字を消そうとするのは「悪」で、守ろうとしたのが「善」というように割り切ることはできないのではないでしょうか。今を生きる私たちは、このような時代があったことを知っておく必要があると思います。

第四節　苗字の変更 二つの選択

沖縄の苗字に対する、沖縄出身の知識人たちの認識を見てきましたが、苗字変更の賛成派が多数を占めていました。そのような時代背景のなかで、苗字の変更という問題に対して全く異なる選択をした二人の人物についてとりあげたいと思います。

変更という選択―伊地朝義の場合―

最初にご紹介するのは、苗字変更という選択をした伊地朝義という人物です。朝義は首里市（現那覇市）大中町出身の教育者でした。小学校の教員を長年勤めたのち、首里市立図書館の初代館長となりました。郷土研究にも理解が深く、伊波普猷の研究にも協力した人物です。朝義はもともと「我那覇」という苗字でしたが、１９４１年（昭和16）ころに「伊地」へ変更しました。そしてその変更に至った経緯や変更方法などを「復姓の弁」（伊地朝義「復姓の弁」本山豊編『月刊文化沖縄』第2巻第6号　月刊文化沖縄社、１９４１）という文章につづりました。それでは、朝義の「復姓の弁」の内容に迫ってみたいと思います。

まず冒頭で朝義は、「いつもきいていた」沖縄の苗字の欠点として、①他県の苗字に比べて読みにくく、②社交上不便で、③出世の上で常にハンディキャップとなることを挙げています。

朝義は沖縄県内在住ですから、東京や大阪に在住している人に比べると実感が薄かったので、「いつもきいていた」という表現をしているのだと思われますが、東京や大阪など県外から入ってくる情報に接することは多々あったことでしょう。このような「いつもきいていた」欠点のほかに、朝義自身は別の違う欠点を指摘します。それは三文字の苗字が多いということです。これについて朝義は「薩摩の政策に依ったとの事である」と述べています。「大和めきたる…」の真境名安興説がここにも浸透していますが、朝義は三文字の苗字がよくない理由を、旧姓「我那覇」を例に挙げて字画数が多いからとしています。

そんな朝義に対して、数年前から子供たちは苗字変更を希望していたのですが、朝義自身は、祖先代々親しんできた苗字を改める気持ちになれず、「エラク成ったら上与那原でも…」と一蹴していました。先ほどご紹介した苗字変更反対の人々と全く同じ根拠を並べているところを見ると、朝義は筋金入りの反対派だったのかもしれません。

改姓反対派からの転向

そんな朝義の気持ちを変えさせたのは、何なのでしょうか。朝義は「時世は移り変り」沖縄の人々が平等に、そして同じ程度「エラク」ならないと「総力」の発揮ができないからだと説きます。この朝義の言葉の真意は、私にはよくわかりませんが、文中の「総力」という言葉から次のように推測します。

子供たちが苗字変更を持ち出した「数年前」というのは、おそらく苗字問題が新聞紙上に取り上げられ、沖縄県教育会が「読み替え」を提唱した1935年（昭和10）〜1937年（昭和12）ころだと思われます。実は1937年（昭和12）7月に日中戦争が始まり、その後に近衛文麿内閣は戦争遂行のために「国民精神総動員運動」という運動を開始します。これは「挙国一致」・「尽忠報国」・「堅忍不抜」という三つのスローガンを掲げて、国民を戦争遂行に協力させるものでした。日中戦争は泥沼化していき、1941年（昭和16）12月7日には太平洋戦争が始まります。

朝義の「復姓の弁」は太平洋戦争開始の5ヶ月前に発表されたものですが、そのような時代背景を踏まえて考えると、「総力」という言葉は「国民精神総動員運動」を意識したものではないかと考えられます。そうすると「戦争遂行のために国に御奉公をするためには、すべての沖縄人が同程度に地位を向上させなければならない。従って苗字を変更する必要がある」ということなのでしょうか。従来に見られない意見が出てきましたが、やはり戦時体制における苗字変更の正当化のためには、こうとでも言わねばならなかったのかもしれません。

朝義の唱える苗字変更の根拠をまとめると、①薩摩による苗字変更、②画数が多すぎるので不便、③戦争遂行に総力を発揮するため、となります。

これに加えて朝義には、もう一つ自身の気持ちが変化した事件がありました。それは3年前に、2歳になる朝義の初孫が迷子になってしまい、あやうく警察のご厄介になるところだったことです。その初孫は自分の名前は言えるが、「我那覇」という苗字は言えなかったので、朝義は苗字変更へと心が向いたというのです。おそらく「我那覇」という苗字が難しいので、もっと簡単な苗字ならば迷子になっても、自分の氏名がいえるので大丈夫ということなのでしょうか。少しこじつけのようにも見えますが、ともかく朝義はこのようにして苗字変更を決意するに至ったのです。

そんな朝義は、新たな苗字を選ぶにあたって、「系図が無くてもできるだろう」と聞いていたので「簡単明朗」なこと、「郷土色を失わない」ことの二点を条件として自由に考えることにしました。そして候補として決定したのは「中山」という苗字です。「中山」に決めた理由は、①沖縄にも「名嘉山」という同じ読み方の苗字があり不自然ではなく、②首里の象徴である、ということでした。②について少し説明すると、14～15世紀に南山《なんざん》、中山《ちゅうざん》、北山《ほくざん》の三つの勢力が沖縄本島で争っていたことに由来します。その後、琉球を統一したのは中山の王である尚氏でした。そのため琉球王には「中山王」という別名があり、「中山」は首里王府を象徴する言葉となりました。

たしかに先ほどの条件から外れてはいません。しかも朝義は「中山」という苗字が、子供のころから好きだった中山安兵衛と一緒なので喜んでいます。ちなみに中山安兵衛とは、江戸時代の剣豪で高田の馬場の決闘で知られている人物です。のちに赤穂藩士の堀部家の養子となり、有名な赤穂浪士四十七士の一員として吉良家への討ち入りに参加します。

苗字変更に着手

いよいよ苗字変更を実現するべく手続きに入った朝義は、大きな壁にぶち当たります。「系図はいらない」という情報がウソだったからです。申請受付の担当者に、「系図に書かれていない苗字へ変更することは絶対ダメだ」と断られます。しかも「沖縄出身者の苗字変更の動機は不純だ。みんな自尊心を失っているように思える」というお小言まで言われる羽目にあってしまいました。朝義は負けずに、「そういう見方をする人もいるだろうが…」と反論を試みますが、法律の解釈と現実の違いから、論争は引き分けとなります。

そこで担当者はこう切り出します。「系図を使って苗字を変える復姓をするのであれば許可します。復姓は、直系の祖先が名乗った苗字に戻ることが原則ですが、沖縄県では特別に傍系の祖先が名乗った苗字への変更でも、大目に見て許可します」。

ここで少し「直系」と「傍系」について、図1(伊地家の家系)を使ってご説明しましょう。「直系」とは、「祖父」↓「父」↓「朝義」↓「長男」という流れです。従って朝義の「直系」の祖先は、「朝義」↓「父」↓「祖父」、さらに曾祖父、曾祖父の父へとさかのぼる流れにあたる人々です。一方、「傍系」とは、「直系」以外のつながりのことで、祖父の兄弟や父の兄弟(伯父、叔父)などが「傍系」の祖先関係となります。

復姓が「直系」祖先に限定される理由は不明ですが、代々家を守っていくという「家制度」の持つ性格と関係があるかもしれません。

「家制度」の理想からすると、「家」は祖先から子孫へと、直系の一本の線で受け継がれ

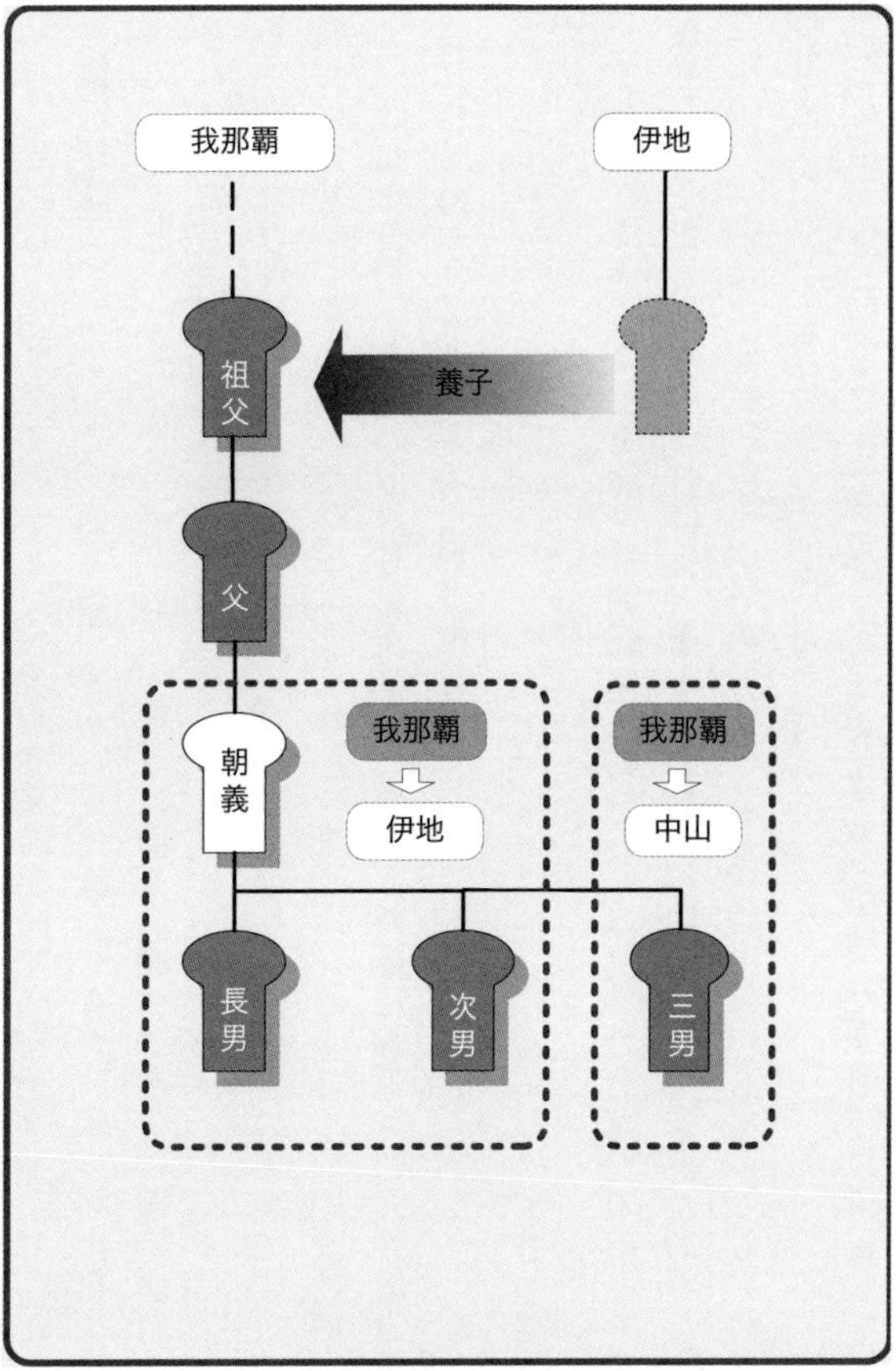

図１　伊地家の家系

ていくべきことになります。その「家」の出自や系統を表すのが苗字です。しかし、傍系の苗字の復姓を認めてしまうと、直系の祖先から受け継いできた「家」の出自や系統がわからなくなってしまいます。そう考えると、復姓は直系の祖先の苗字に限定されるべきなのかもしれません。

しかし沖縄県だけ復姓の基準がゆるいというのは、なんとも驚きの事実です。このような沖縄県だけの基準が決められた時期は全くわかりません。おそらく、過去に苗字の変更について「改正を許可」とか「改姓運動奏功!」などと新聞に報道された手続きの基準緩和のときに決められたルールかもしれません。

戸籍法の抜け穴

「傍系」でも復姓できることを知った朝義は、さっそく「祖父の実家」の苗字である「伊地」に復姓しました。しかしこれにとどまることなく、「中山」にも未練があった朝義は、三男の「中山」への苗字変更に着手するのです。この手続きは少しややこしいので、図2（一家創立までの流れ）を使ってご説明しましょう。

①最初「三男」は、おそらく「朝義」を戸主とする「伊地（実家）」に所属しています。

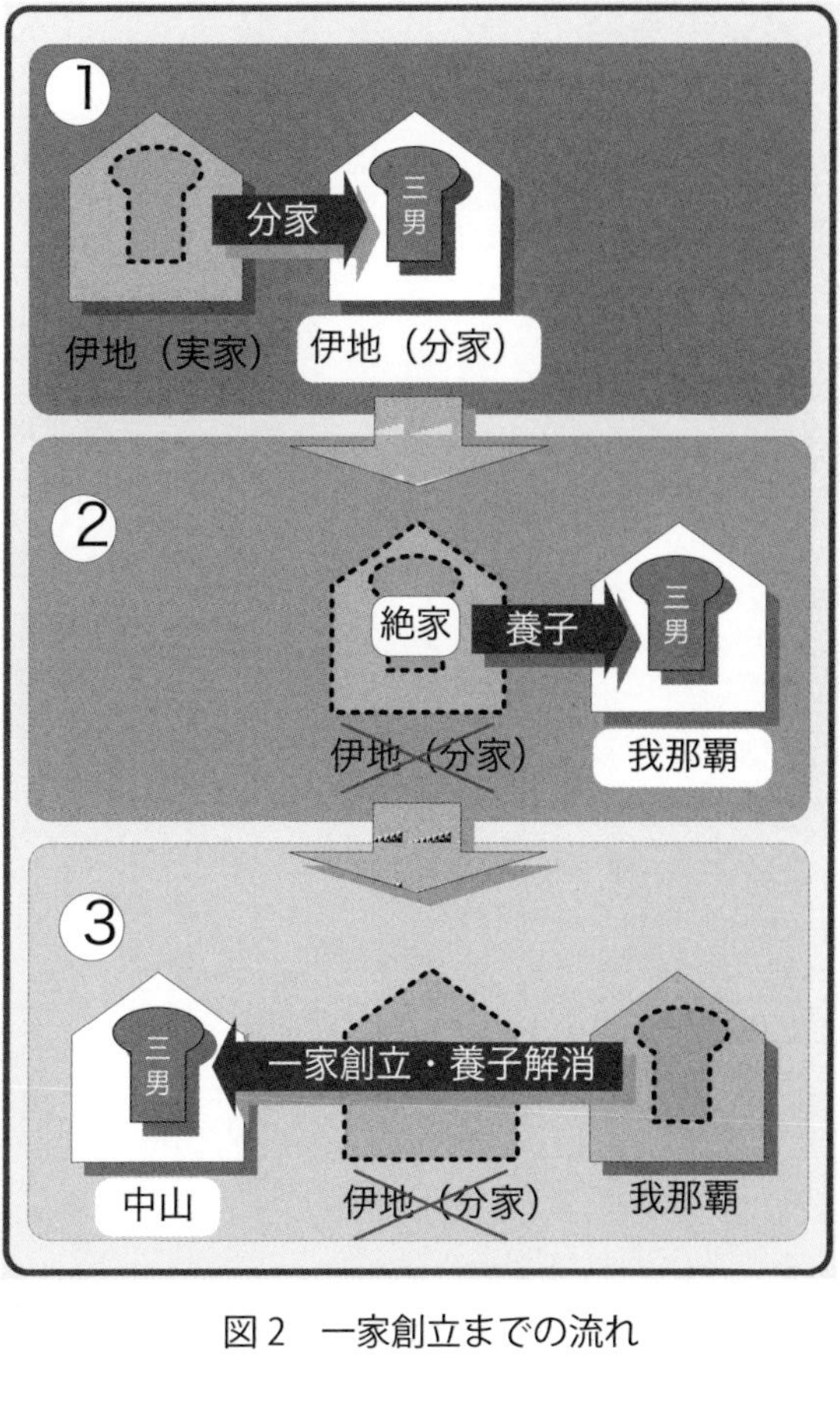

図2　一家創立までの流れ

その「三男」が分家をして「伊地（分家）」の戸主となります。
②「三男」は「伊地（分家）」を出て、「伊地（実家）」の本家である「我那覇家」の養子になります。なお「伊地（分家）」は、相続人がいないので潰れます。
③「三男」は「我那覇家」との養子縁組を解消します。「三男」は、戸籍法上必ずどこかの家に所属しなければなりません。筋からいうと「三男」は「伊地（分家）」に戻ることになりますが、「伊地（分家）」は潰れてしまったので戻ることができません。そのため新たな「家」を創る「一家創立」という手続きを経て「中山家」の戸主となります。
ややこしい話ですが、戸籍法の抜け道を利用した苗字の変更方法なのです。ポイントは、途中の過程はどうであれ、「一家創立」という手続きに至ればよいのです。「一家創立」とは聞きなれない言葉ですが、次のような人が出た場合に一家創立となります（星野武雄『親族相続法要覧』清水書店、1924）。
①両親がわからない子供
②結婚していない親から生まれたが、母親の家に入れてもらえない子供
③実家に戻ることになったが、その実家がなくなってしまった人
ちなみに朝義の三男のケースは、③に該当します。

この「一家創立」が行われる際には、自由に苗字を選ぶことができるのです。その理由は、1808年（明治31）に香川県の戸籍担当者が、「一家創立」の場合の苗字の選び方について伺いを立てたのに対して、司法省民刑局長が「一家創立する人は自由に苗字を選ぶことができる」と回答したことによります（内務大臣官房文書課 編『改姓名ニ関スル令規集』内務大臣官房文書課、1937）。

このようにして苗字変更に成功した朝義は、「実際に困っている方は、上記の手続きをお薦めします」と述べて、次のような持論を展開します。

〈東亜共栄圏を建設するにあたって、いろいろな国のさまざまな苗字の持主と共存共栄するのだから、「我那覇」でも「保栄茂」でも良いと思います。それに、仮名書きやローマ字に統一するならば、読み方が難しいのも我慢します。しかし漢字で書くのだから画数の多い苗字ならば、その労力を一生分で計算すると莫大なものになるのです〉（筆者現代語訳）

「東亜共栄圏」とは、当時盛んに叫ばれた日本のスローガンです。しかし「画数が多いと一生のうちにかける労力が莫大だ」というのが根拠だというのであれば、沖縄の苗字もかたなしです。確かに効率的な考えではありますが、それで厄介者扱いとして良いものかどうか、考えさせられるところです。

変更しないという選択—島袋盛敏の場合—

島袋盛敏は首里出身の教育者で、文学と芸能に関する沖縄研究者でもあった人です。沖縄で小学校や高等女学校の教員を勤め、1931年（昭和6）東京に出て成城学園女学校の教員となります。盛敏が自身の苗字への思いを綴った「苗字不変更」は、上京した後の1935年（昭和10）に『沖縄教育』第230号（沖縄県教育会）に発表されたものです。

それでは苗字問題に対する盛敏の選択を見てみましょう。

盛敏は勤務先の学校の生徒に、「先生の苗字は変ね」と言われます。最近の生徒は遠慮を知らないと考えながら盛敏が「何が変だ？」と聞くと、生徒は「だってシマブクロって、めったに聞かないわ」と返します。たしかに三越の店員に品物の配送を頼んだ時に、何度も聞き直され、「島という字に、袋という字の島袋ですよ」と言ってやっと通じたことを思い出し、「「先生の苗字は変ね」と言われるのも無理ないのかな」と盛敏は考えます。

しかし苗字問題は、子供のことにつき当ります。盛敏は、自分一人が変だと言われるのは我慢できますが、自分の子供たちが大きくなり、周囲から苗字が「変ね」と言われることを想像するとたまりません。盛敏は「何とかしようと思ったことは一度や二度ではない」と述べます。

しかし次に問題なのは盛敏自身でした。いざ「島袋」を捨てて他の苗字を名乗ると思うと、自分が自分でなくなる気がするのではないかと思われて来るのです。盛敏は「執着と言うか、未練と言うか」なかなか「島袋」という苗字が捨てられないのです。

そんな盛敏は、ある人物の発言を聞いて、変えることができるのなら変えた方がよいのではないかと考えます。ちなみにその人物とは、先ほど登場した朝日新聞副社長の下村宏です。

島袋家の家族会議

そんな盛敏は、とうとう苗字変更についての家族会議を行います。参加したのは盛敏と妻、そして大学生の長男以下5人の男の子でした。「苗字を変えてほしいと思う者はいないか？」という盛敏の問いかけに、真っ先に中学生の三男が「別に変えてほしいとは思わない」と答えます。高校生の二男も「初めはおかしいとか言われたけれど、この頃は誰も何も言わない」と続きます。そして大学生の長男はこう言いました。

「「島袋」で結構です。「島田」とか「島村」とかありふれたものにかえても何にもなりません。どこまでも「島袋」で押していきます」。これを聞いた盛敏の妻が「皆が偉くなったら、「島袋」という苗字も、ちっとも変ではなくなるでしょう」と会議を締めくくります。そして盛敏は苗字を変更しない選択をしました。

正しい選択とは…

伊地朝義と島袋盛敏は、それぞれ全く異なる選択をしました。二人は同じ教育者であり、またどちらも沖縄の文化にも造詣が深いなど、共通点が多くあります。また二人とも琉球音楽が好きだったとのことで、伊地朝義の自宅で一緒に合奏をしたこともあったようです(伊地文夫「戦時下の首里図書館と館長伊地朝義」下『沖縄タイムス』2005年12月15日)。

二人にとっての苗字問題を深刻にしたのは、伊地朝義は「孫」の存在、島袋盛敏は「子供」の存在でした。その結果、伊地朝義の場合は、子供から苗字変更を持ちかけられても、「エラク成ったら上与那原でも…」と突っぱねていたにも関わらず、苗字変更へと心変わりしました。島袋盛敏の場合は、子供たちの「どこまでも「島袋」で押していきます」という言葉が苗字問題を一蹴しました。

現在の私たちから見ると、島袋盛敏家の「苗字不変更」という選択や、子供たちの頼もしい発言が素晴らしいものに見えるかもしれません。たしかに自分の苗字に誇りを持つことは良いことです。

では伊地朝義の選択は間違いなのでしょうか。三男を「中山」に苗字変更させたのは多少脱線気味の感はありますが、反対派の彼を変更させた理由が気になります。本人は「時世が変わった」とか「字画数が多い」とか、もっともらしい理由を挙げていますが、私はこれらの理由はいささか説得力に欠けるように思います。

私は伊地朝義が苗字変更した本当の理由よりも、昭和10年代の沖縄が彼の気持ちを変えてしまうような社会へと変化していたことに注目すべきではないかと考えています。私たちは、二人のどちらが正しい選択であったかを考えるよりも先に、彼らの正反対の選択に至った社会背景を知る必要があるのではないかと思います。

■コラム　門中のルールで苗字変更

沖縄の苗字の変更は、「沖縄出身を隠すため」という理由が強調されています。しかし変更後の苗字なのに、沖縄で特徴的な苗字である事例があるのです。その事情について、ある方から次のようなことを教えていただきました。

その方の祖父がムコ養子だったので、ムコ入先の苗字となり、子供たちもその苗字でしたが、「先祖代々の苗字に戻すべきだ」といわれ、祖父の生家の苗字に変えたというのです。

私はこの苗字変更の裏には、「門中制度」があると思います。「門中」とは父方の先祖を中心とした親族集団で、琉球王府時代の士族だけにありました。ちなみに、百姓は「バラ」や「ヒキ」という集団をつくっていました。「門中」では、女性が家を継いではならないという考え方がありムコ養子は好ましくありません。ただし後継ぎが全くいない時は、その限りではありません。一方「バラ」などには、そのような考えはなかったようです。

明治以降「門中」は一般の人々へと広まっていきます。そして「門中」のルールを守ることが従来より重要視されるようになり、過去のルール違反を修正する「シジタダシ」が行われるようになります。

私はこの苗字変更の事例は、一種の「シジタダシ」ではないかと考えています。「沖縄出身を隠すため」以外の目的で行われた苗字変更もあったのです。

第五章　「鉄の暴風」が沖縄苗字に残したもの

沖縄は「鉄の暴風」とも呼ばれる攻撃にさらされ、未曽有の戦禍を受けました。このため沖縄県の戸籍簿は、宮古と八重山を除く地域でほぼ失われることになりました。この戸籍簿の滅失が、思いもよらない展開を生み出すことになります。

第一節　戸籍からの解放、その代償

臨時戸籍

戦後初の政治機構である沖縄諮詢会《しじゅん》を引き継いだ沖縄中央政府は、臨時戸籍を作成するために、1946年（昭和21）9月19日付で「臨時戸籍事務取扱要綱」を各市町村長宛に書面で通知しました。翌年3月5日には「戸籍事務取扱に関する件」が書面で通知されて、臨時戸籍の事務が開始されました。せっかく作成された臨時戸籍ですが、残念ながら欠陥が多いものでした。当時この臨時戸籍を実際に見た人は、次のように語っています。

〈…配給台帳のようなものがあるが、人の身分関係を公証するのが目的ではなく、物資配給のための人名簿程度のものに過ぎない。各人の身分事項も記載されてはいるものの、窮迫した生活状態のもとで物資配給について少しでも有利な結果が得られるようにするため、いろいろの作為もなされていて、極めて不正確なものであった〉

（新谷正夫「沖縄戸籍断章」戸籍法50周年記念論文集編纂委員会 編『現行戸籍制度50年の歩みと展望―戸籍法50周年記念論文集―』日本加除出版株式会社、1999）

「戸籍」という名前が付けられていますが、親子や夫婦関係などを証明する目的ではなく、「配給台帳」のようなものだったというのです。しかも高齢者や子供などが、物資の配給を少しでも多くもらおうとするために、戸籍の上では働き盛りの若者に化けてしまったというのです。

さらに驚くべきことも起こりました。戦前まで名乗っていたものと異なる苗字を申請した人々がいたのです。このときに異なった苗字がどれくらい申請されたかは不明ですが、おそらくかなりの人数に上ると思われます。そして、後々にはこれが原因となって大騒ぎとなるのです。

臨時戸籍が、このように不正確なものとなった理由は次のようなものでした。まず「戸籍」という名前ではありますが、食糧配給などのための人口把握が主な目的だったからです。つまり、「誰と誰が家族である」ということよりも「ここに何人住んでいる」ことの方が重要だったのです。また、もともとの戸籍簿が無くなっているので、申請してきた内容が正しいかどうか確認することは不可能でした。そのため臨時戸籍は不備の多いものとなってしまいました。

少しでも配給が欲しいという気持ちは理解できますが、なぜ異なる苗字を申請する必要があったのでしょうか。それぞれ個人によって理由は異なると思いますが、私は次のような理由が大きいのではないかと考えています。

まず戦前に苗字を変更するには、「復姓」もしくは「一家創立」という方法で戸籍法のハードルを越える必要がありました。これは条件が限定されたもので、苗字変更の希望者の一部にしか実現できない方法でした。したがって苗字を変更したいけれど、申請を却下されたり、申請すること自体をあきらめたりしていた人々が多くいたと思われます。

さらに弾みをつけたと考えられるのは、引揚者の存在です。１９４５年（昭和20）10月～１９５２年（昭和27）末までの間に、およそ17万人の引揚者が沖縄に戻ってきました。敗戦時の沖縄本島の人口が約30万人であったといわれており、引揚者がいかに多かったかがわかると思います。

さてこの引揚者は、本土出身の人々との接触が多い生活環境にいた人々です。なにかにつけ、沖縄の苗字をハンディキャップと感じる機会も多かったことでしょう。沖縄に帰ってきて臨時戸籍を作成するときに、異なった苗字を申告しようと考えた引揚者たちは少なくなかったのではないでしょうか。

また引揚者の詳しい年齢構成はわかりませんが、おそらく沖縄復興の中心となる働き盛りの年齢層が多かったと思われます。この人々が、各家庭・各門中・各地域において苗字変更を訴えたならば、その影響は測り知れないものになります。多和田真助氏は『沖縄姓名と風土』のなかで、東風平村（現八重瀬町）で「知念」から「富田」へ変更した事例について、「改姓の理由は、戦前、門中の人たちが本土に渡った際、「チンネン」、「坊主の子孫」か、などとからかわれた。このため本土から帰省した若い層から「改姓」の意見が強くなった」と述べています。

さらにもう一つ要因を挙げるとすれば、異なった苗字を申請した人々が「法律を知らなかった」ことにあると思います。つまり、苗字や年齢などの戸籍情報を勝手に変えることによって、「とんでもないことが起こる」ことに気付いていなかったのです。

沖縄民政府の「超法規的」決断

さて、間違いの多い「臨時戸籍」はどのような法律に基づいて作られたのでしょうか。話は第二次大戦中にさかのぼりますが、アメリカ太平洋艦隊司令長官と太平洋地区司令官を兼任していたニミッツ元帥が「米国海軍軍政府布告第一号」(通称「ニミッツ布告」)という布告を出します。これは沖縄における日本帝国政府の「権限の停止」を宣言したものでした。「ニミッツ布告」は日本帝国政府の権限は認めませんでしたが、法律関係については戦前の法律をそのまま認めていました。したがって戸籍関係も、戦前の戸籍法に則って取り扱うことになっていましたから、苗字を変更するには「復姓」と「一家創立」しか方法がないことになっていました。

「臨時戸籍」に記載された一部の苗字は勝手に変えられたものであり、戸籍法から見ると

「違法」な変更でしたが、戸籍を整備する当局としては戦前の戸籍簿が無いために、間違いかどうかの確認すらできなかったのです。沖縄民政府（沖縄中央政府の改称）は、この「違法」な苗字変更問題の解決のため、大変思い切った方法に出ます。1947年3月5日、沖縄民政府は各市町村長宛に戸籍事務の取り扱い方法を指示する「戸籍事務取扱ニ関スル通牒」を出しますが、このなかに苗字変更者への対応について、驚くべき指示が含まれています。

改姓ニ関スル事項

終戦後改姓セルモノハ其《そ》ノ儘《まま》之ヲ認メ戸籍簿、世帯簿ノ一応ノ整備完了後ハ知事ノ許可ヲ受クルコト（フリガナは筆者挿入）

理由

（イ）事務ノ煩雑ヲ避クル為

（ロ）戦前ハ太政官布告ニ依リ復姓（祖先ノ姓ニ復スル）ノミ内務大臣ノ許可ヲ受ケ処理セラル

つまり、戸籍法では禁止されている勝手な苗字の変更を認めるというのです。まさに「超法規的」決断です。しかもその理由は「事務が込み入ってわずらわしい」からだとしています。たしかに「臨時戸籍」に記載された苗字が、戦前の戸籍簿と同じかどうか確認することができないのですから仕方がありません。苗字に悩む人々の思いを阻止してきた戸籍法の鉄壁が、戦争による戸籍簿の消滅という予想もしなかった理由によって、ついに崩壊した瞬間であったといえます。ちなみに、この通牒が出された1947年3月5日が、のちのち苗字変更者の運命を分ける大きな分岐点となります。

しかし、このような特別な状況は長くは続きませんでした。1951年3月5日付で各市町村長あてに「改姓改名許可願の取扱いについて」という通知により、苗字変更を願い出る際に次のような資料を提出することが義務付けられました。①祖先の系図か位牌、もしくは納骨壺の写真　②戦前の戸籍謄本、戸籍抄本、生命保険証書などです。

系図や位牌はわかりますが、納骨壺が登場するのはなぜでしょうか。これは沖縄の文化的特徴の一つなのです。沖縄では納骨壺のことを「ジーシガーミ(厨子甕《ずしがめ》)」といいますが、この胴体やふたに「ミガチ（銘書）」といって納められた人の氏名や亡くなった年月日を記すという風習があるのです。そのためこの「ミガチ」の写真も証拠としたと考えられます。

さて、これらの資料を使って苗字を変更するには、「復姓」しかできないことになりますが、これには民法との関わりがあります。本土では新しい民法が、1947年（昭和22）12月22日に公布されました。この新民法は、戦前の「家制度」を否定する内容となっており、「復姓」という行為も認められなくなりました。

ところが沖縄では、先ほどご紹介したニミッツ布告により、「家制度」に基づいた旧民法がそのまま継続して効力を持っていました。この通知が出される前年ですが、「近く戸籍法を　整備に準備進む」という新聞記事によれば、戸籍整備にあたって旧民法と新民法のどちらを採用するかを協議すると書かれています。この当時、沖縄民政府では新民法の採用も検討していたようです。

しかし、戦前の「家制度」の考えを基本とした「復姓」が復活したところをみると、結局新民法は不採用となったことがわかります。米陸軍軍政府、ひいてはアメリカ政府の意向が反映されたためかもしれません。

ちなみに記事には「近く戸籍法を整備…」という記述もありますが、本格的な戸籍整備にはもう少し時間がかかることになります。

「立派な戸籍」で困る人々

正確な戸籍をつくろうとする動きは前々からあったようですが、さまざまな問題があり難航していました。とくに問題となったのは日本の法務省との関係でした。日本本土の戸籍法では、日本国が認める市町村長が戸籍を作成します。ところが当時の沖縄の市町村長は、日本国が認めたものではありませんでした。そのため沖縄で戸籍を作成しても、日本の戸籍とは認めてもらえないのです。

しかし、ある事情が正確な戸籍を必要としていました。当時の臨時戸籍では、正式な戸籍の謄本や抄本が発行できなかったのです。さらに援護事務の問題がこれに追い打ちをかけました。この援護とは、軍人軍属の戦没者などの遺族に対して国が死者を弔い遺族を慰めるために、戦傷病者戦没者遺族等援護法に基づいて、遺族年金などを支給することです。本土では1952年（昭和27）に施行されました。沖縄では翌年から適用されることになり、さらに恩給法も適用されることになりましたが、どちらも受給手続きに戸籍謄本の添付が必要であったのです（奥山恭子「戦後沖縄の法体制と戸籍の変遷（1）『横浜国際社会学研究』第11巻3号　横浜国立大学、2006」）。

このような事情もあり、当時の政府である琉球政府は、日本の法務省の反対を押し切って、戸籍の作成方法を指示した「戸籍整備法」という法律を1953年11月16日に公布します。そして翌年3月1日～5月31日の間に沖縄の人々に仮戸籍の申告をさせることになりました。仮戸籍の申告にあたって、担当する琉球政府法務局は『戸籍整備申告のしおり』という申告方法の手引書を作りました。ちなみに本の冒頭には、〈子孫の代にまで残して恥ぢないような立派な戸籍〉を作ろうと書かれています（琉球政府法務局民事課『戸籍整備申告のしおり』琉球政府法務局民事課、1954）。また、正当な理由なく申告を怠った場合には、最高で1000円の罰金が課せられることになっていました。ちなみに、当時の新聞記者の給料が3500円くらいであった（山城善三、佐久田繁編『沖縄事始め・世相史事典』月刊沖縄社、1983）といいますから、かなり高額な罰金です。当局が仮戸籍申告をいかに重要視していたかが窺えると思います。

そして仮戸籍申告を進めるにあたり当局は、頭の痛い問題であった戦後の苗字変更に対して、明確な判断を示しました。それは、戸籍の申告開始直後の3月16日付に市町村長宛に出された「改姓について」という通達です。通達の内容は、苗字変更者に対して、①苗字を変えることで、将来不測の事態が起こる可能性があるが、②戸籍編成後は、どんなに不利や不便なことがあっても裁判で許可がなければ苗字は変更できないことを周知させるものでした。そして①と②を承知の上で1947年3月5日以前に苗字を変更した人に限って、「氏変更届」を戸主から提出させるように指示しています。

1947年3月5日とは、沖縄民政府の「超法規的判断」である「戸籍事務取扱ニ関スル通牒」が通知された日です。この日付が、苗字変更の可否を分ける大きな分岐点となりました。

正しい苗字はどれ？

戸籍の申告は、人々の注目を集めた事件であったようで。新聞には戸籍のあらましを説明する「今晩の話題　戸籍物語」とか、申告方法を教える「戸籍相談」などの記事がならび、申告締め切り直前になると「戸籍申告あと一週間」と紙上を通して呼びかけまで行っています。

申告された戸籍は、さまざまな手続きを経て戸籍認定委員によって正しい戸籍であると認定されたものから、琉球政府の『公報』で告示されていきました。ちなみに認定の第一号は1955年11月24日付認定の真喜屋実義さんという方の戸籍です。ちなみにこの方は当時法務局長であった真喜屋実男氏のお父さんであると思われる人物です。なお第2号は琉球政府の初代行政主席比嘉秀平氏でした。

このように認定がすすみ「立派な戸籍」が整備されていったのですが、認定作業には時間がかかり、整備が全体の85％に達したのは3年後でした。

このように整備が進められる一方で、困った問題も起こっています。1956年11月24日の『沖縄タイムス』新聞夕刊の相談コーナー「よろづ相談」に、次のような悩みが持ち込まれました。


〈私は戦前「仲村渠」姓でしたが、戦後親戚や門中合議の上「中村」姓に改め、仮戸籍申請も「中村」にしました。こんど夫の死亡公報が「仲村渠」姓で来ておりますが。遺族年金申請を「中村」でできるでしょうか、又「仲村渠」姓に改めなければいけないでしょうか〉（筆者要約）

この相談者である中村さんの夫の苗字情報は「戦前の戸籍」によるものですから、当然一致するはずもありません。中村さんが「仲村渠」から苗字変更した時期は不明ですが、戦後すぐの時期であれば10年以上も「中村」という苗字で生活してきたことになります。

中村さんはどうなってしまうのでしょうか。

中村さんが、無事に「中村」のままで遺族年金が受け取れるかどうかは、次の三つのポイントをクリアする必要があります。次ページの図3も併せてみてください。

①中村さんが1947年3月5日以前に臨時戸籍に「中村」と登録した
②戦死した中村さんの夫が戸主ではなかった
③「仲村渠」から「中村」への「氏変更届」を提出した

まず①ですが、1947年3月5日以降に苗字変更した場合は、先ほど出てきた通達「改姓について」で認めないとしているので、「仲村渠」に戻らなければなりません。

次に②についてですが、法律では苗字の変更手続きができるのは戸主だけと定められています。戸主である夫が戦死したのであれば、手続きはできないはずです。そのため中村さんは「仲村渠」に戻らなければなりません。

③は戦後の苗字変更が、通達「改姓について」により「氏変更届」の提出が命じられているためです。もし提出を怠っていたら、認定された戸籍では「仲村渠」になってしまいます。

このように①②③の全てをクリアしなければ、「中村」のままで遺族年金を受け取るこ

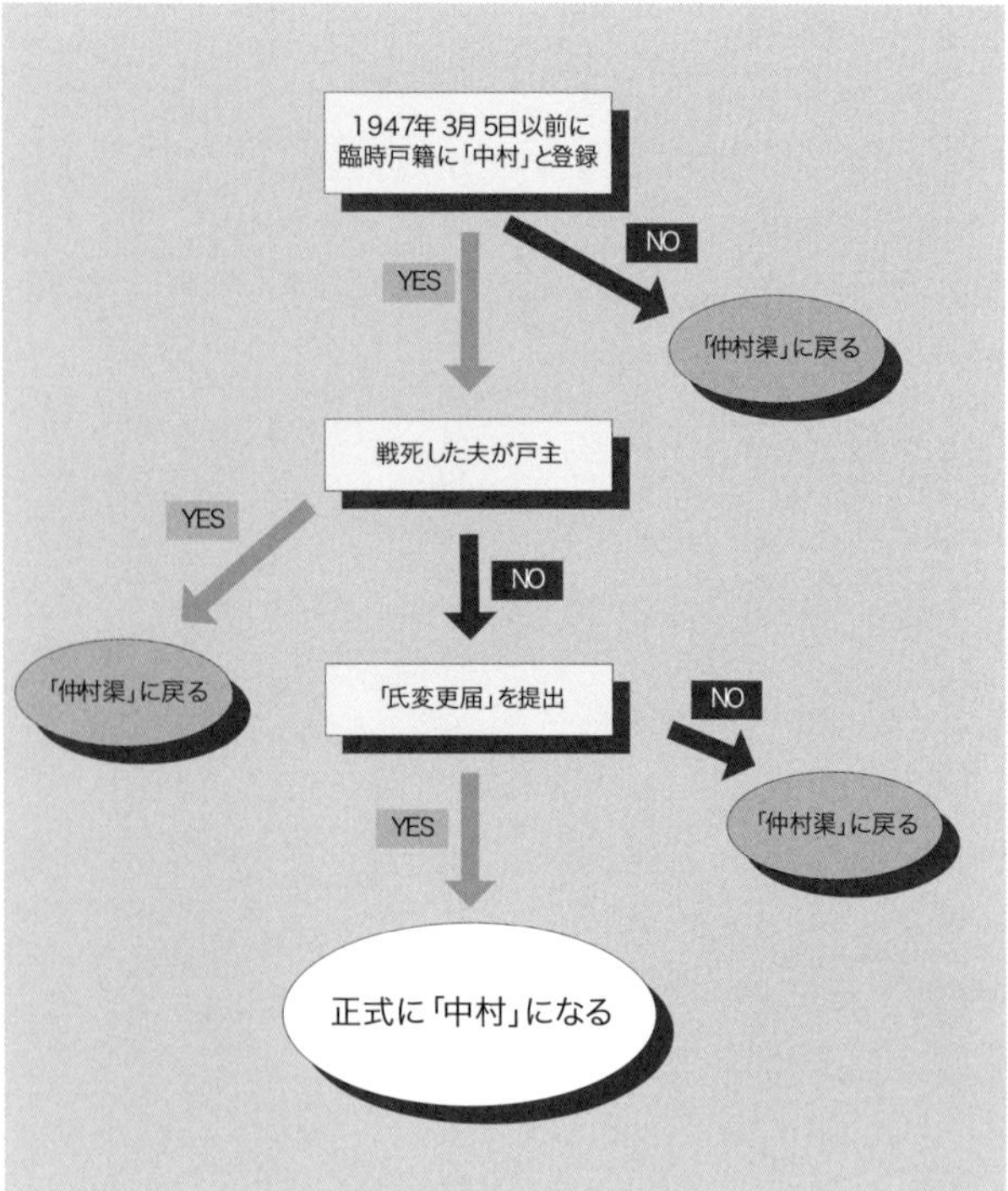
1947年 3月 5日以前に
臨時戸籍に「中村」と登録
NO
YES
「仲村渠」に戻る
戦死した夫が戸主
YES
NO
「仲村渠」に戻る
「氏変更届」を提出
NO
YES
「仲村渠」に戻る
正式に「中村」になる

図 3

とはできません。遺族年金を受け取るためには、「仲村渠」に戻るしかないのです。しかし、中村さんの場合は、長ければ10年間も「中村」を名乗ってきたのですから、急に「仲村渠」に戻らねばならないことになれば、さまざまな支障が出てくるはずです。中村さんの苗字問題がどのようになったかはわかりませんが、もし「仲村渠」に戻ったのであれば、さまざまな手続きに追われたことでしょう。

中村さんと同じような事件は、あちこちで発生したようです。「立派な戸籍」ができたばっかりに発生した問題ではありますが、「苗字を勝手に変更したらどうなるか」を考えずに安易に苗字変更した結果であったともいえます。

認定が終わった戸籍に登録された人々は、苗字変更の際には裁判所で許可が必要となりました。しかし、裁判所に苗字変更を求める人は絶えることがなく、新しい戸籍法で苗字変更の「やむをえない理由」とされる「珍奇」・「難読」・「10年以上使用していた」という理由で、多い年には約200件の変更が許可されたのです。戦後になっても、沖縄の苗字の受難は続いたわけです（西原諄「戸籍法制の変遷と問題点」宮里政玄編『戦後沖縄の政治と法』東京大学出版会、1975）。

第二節「キンジョウ」大発生

沖縄の苗字は、各地域、または各個人のレベルで「読み替え」が進められ、島袋源一郎たちによる読み方統一の提唱は実現しませんでした。しかし現在では、統計等を取ったわけではありませんが、比較的統一されてきている感があります。

たとえば「金城」という苗字の場合、現在では「カナグスク」はもちろん「カネシロ」や「カナシロ」よりも、圧倒的に「キンジョウ」が多いように思われますが、これはなぜなのでしょうか。

戦前沖縄の金城さん

それではまず、沖縄県内での「金城」の読み方の歴史について、新聞などの出版物からたどってみたいと思います。沖縄の新聞にフリガナが付けられるのが確認できるのは、1906年(明治39)からです。この当時から大正時代末期までの新聞では、「金城」に「かなぐすく」とか「かねぐしく」といったフリガナが付けられています。本来「カナグスィク」といった発音だったと考えられるので、さほど変化は見られません。

しかし1925年（大正14）の新聞に、興味深い広告があります。那覇市会議員選挙の候補者氏名が掲載されているのですが、このなかに「かなしろ」というフリガナが確認できます。この「かなしろ」さんは、医師でのちに那覇市長となった金城紀光という人物です。ただ不思議なことに、同時期の新聞記事では金城紀光に「かなぐすく」というフリガナが付けられています。

新聞記事で「かなぐすく」が使われているのは、おそらく「金城」という苗字は、正式には「かなぐすく」と読むべきであるという、当時の人々の常識を反映しているためだと思います。しかし、選挙候補者氏名のフリガナとして使われているぐらいですから、「かなしろ」も通称として定着していたのではないでしょうか。

その後、昭和に入るとフリガナに変化が起こります。「城」という文字の付いた苗字の場合、「金城《かな》」・「大城《おお》」・「玉城《たま》」といったようなフリガナの付け方となり、読み方がわからなくなります。おそらく意図的に「城」の部分に、フリガナを付けなかったのではないかと考えられます。「ぐすく」から「しろ」への「読み替え」が広がり、「金城」＝「かなぐすく」が常識ではなくなってきたのかもしれません。

戦前の沖縄県で発行された名簿類では、「金城」はすべて「カ」に分類されています。昭和初期の呼称統一調査会は「キンジョウ」という読み方を薦めていましたが、「カナグスク」・「カナシロ」・「カネシロ」など「カ」から始まる読み方が主流であったと考えられます。

沖縄にキンジョウさんはいなかった？

このように「キンジョウ」は、現在のような多数派の読み方ではなかったようです。それでは、もともと沖縄には「キンジョウ」という読み方は存在しなかったのでしょうか。

ちなみに資料から確認できる最も古い「キンジョウ」は、先に登場した1912年（大正元）10月7日の「読み替え」反対派である荻堂生の投稿記事に書かれたものです。また島袋源一郎たちの「姓の呼称統一調査会」も、「読み替え」の手本として「キンジョウ」を薦めています。しかし沖縄県の刊行物や名簿では、「キンジョウ」の影も形も見えません。

首里出身の方から、同級生の「金城」さんは、すべて「カナシロ」とか「カネシロ」で、疎開先の九州で初めて「キンジョウ」という読み方を聞いたというお話を伺ったことがあります（由井晶子氏からご教示による）。やはり沖縄には「キンジョウ」はいなかったのでしょうか。

じつはアメリカ軍の記録のなかに、「キンジョウ」が沖縄に存在する可能性を示すものがあるのです。沖縄戦の際にアメリカ軍は多くの写真を撮影しましたが、私はその写真の説明文に注目しました。１９４５年（昭和20）４月26日に現在の金武町で撮影されたという写真には、アメリカ軍のヒルトンという大尉が沖縄の男性理髪師に散髪されている様子が写っています（『米海兵隊写真資料45』資料コード：0000078385、沖縄県公文書館所蔵）。説明文によると理髪師の男性は「Kin-jo」、つまり「キンジョウ」さんだというのです。

ただし、説明文は英文なので「Kin-jo」が「金城」であるという決定的証拠はありません。しかし「キンジョウ」という読み方が可能な苗字は、「金城」以外にはあまり考えられないので、沖縄にも「キンジョウ」さんが存在していた可能性は高いと思います。ただし一般的には、「金城」は「カ」から始まる苗字とされていたと考えた方が良さそうです。

大阪のカナシロさん、東京のキンジョウさん

それでは、沖縄県以外では「金城」はどのように読まれていたのでしょうか。資料をたどっていくと、地域によって違いがあることがわかってきました。

まず大阪ですが、確認できた資料のほとんどで「カ」に分類されています。「カ」から始まる読み方であったわけですが、「カナグスク」は特殊すぎますから、おそらく「カナシロ」・「カネシロ」という読み方が一般的であったと思われます。

これに対して、事情が違ってくるのが東京です。「金城」は「キ」に分類されているのです。東京で編集された名簿だけでなく、大阪で編集された名簿でも、大阪在住の「金城」は「カ」であるのに対して、東京在住の「金城」は「キ」に分類されているのです（真栄田之琛編『球陽　百人百言集』大阪球陽新報社、1938）。東京と大阪では、読み方の傾向に違いが存在していたと考えられます。

さて東京の「金城」が「キ」から始まることはわかるのですが、名簿には残念ながら「キ」から下の読み方は書いてありません。東京では「金城」はどのように読んでいたのでしょうか。資料から追跡してみたところ、「キンジョウ」が浮上してきました。

東京慈恵会医科大学が発行した刊行物に、同校を1920年（大正9）に卒業した沖縄出身の金城敬持という人物が掲載されているのですが、苗字に「きんじょう」とフリガナがふられているのです（『東京慈恵会医科大学　東京慈恵会医院医学専門学校一覧』東京慈恵会医科大学、1922）。また伊波普猷が、「カナグスク」が「キンジョウ」と「読み替え」されていると指摘しています（「塔の山より」『沖縄日報』1936年8月20日）。

その「キンジョウ」について、沖縄研究者の金城朝永が興味深い文章を記していますのでご紹介しましょう。


〈銀座の真中に金城《きんぜう》写真器具店と云ふ、この方面では東京でも一流の堂々たる専門店があるので…御蔭で筆者などまでもが少からず肩身の広い思ひをしてゐる〉（金城朝永「他人の空似」山里永吉 編『月刊琉球』第2巻第9号　月刊琉球社、1938）

「きんぜう」、やっぱり「キンジョウ」です。銀座にある一流店のおかげで、金城朝永まで得意な気分であるというのです。やはり東京在住の「金城」は、「キンジョウ」と読んでいたと考えられます。

ちなみに「金城写真器具店」は沖縄とは何の関係もありません。ここで出てくる「金城」は、愛知県の名古屋城に由来するものです。名古屋城は「金のシャチホコ」の天守閣で有名ですが、そのために別名を金城《キンジョウ》ともいわれることに因んでいます。金城朝永は、愛知県出身者の経営する店の商号として「金城」を名乗っていることが多いと述べています。

このように東京では「キンジョウ」だったようですが、その理由はなんでしょうか。おそらく「金城写真器具店」をはじめ「キンジョウ」という名前のついた店があり、東京の人々にとって「金城」＝「キンジョウ」が定着していた可能性が考えられます。したがって、「読み替え」は、その地元の人々になじみやすい読み方であるかどうかが重要です。戦前の愛知県に住む沖縄出身の「金城」さんは、まだ確認できていませんが、ひょっとすると東京と同様に「キンジョウ」であった可能性があります。

金城、変身の術

歴史学者で元早稲田大学教授であった洞富雄氏が生前に、戦前の金城朝永について、「最初はカナグスク君だったのに、いつの間にかキンジョウ君になってしまった」と語っていたそうです（由井晶子氏のご教示による）。

金城朝永は、１９２４年（大正13）沖縄から上京しました。洞氏の話によれば、上京した当初は「カナグスク」と名乗っていたわけです。それでは、いつ「カナグスク」から「キンジョウ」に変わったのでしょうか。東京での「金城朝永」の読み方を確認できる資料は少なく、１９３７年（昭和12）に発刊された東京沖縄県人会の『会員名簿』が最も古いものです。この資料では、五十音順の分類の「キ」の部分に、他の「金城」さんと一緒に金城朝永の氏名が掲載されていますので、すでに「キンジョウ」に変わった後であると考えられます。

残念ながら金城朝永の上京から、『会員名簿』の発行された時期の間には、資料のない13年間の空白があります。したがって、具体的な変更の時期はわかりませんが、金城朝永の場合、上京した大正末期から昭和初期の間に変更があったと考えられます。ただし東京では、先ほど述べたように大正中期に「キンジョウ」という読み方が見られるので、金城朝永は上京してすぐに「キンジョウ」となっていたかもしれません。

このように東京で「キンジョウ」となった金城朝永ですが、同じく東京で刊行された写真集（仲宗根源和 編『沖縄県人物風景写真帖』沖縄県人物風景写真帖刊行会、1933）の「沖縄県人著書目録」では、彼の氏名が「カ」の部分に分類されているのです。しかも、この目録の編集担当者は金城朝永ご本人です。これは一体どういうことでしょうか。

この写真集は沖縄県内の風景や風物などの写真を収めたもので、沖縄県外や海外に出た沖縄県出身者のために出版が企画されたようです。おそらく想定した読者層にとって、「キンジョウ」という読み方が一般的ではないという判断から、「カ」の分類で編集したのではないかと思います。

したがって金城朝永は東京では「キンジョウ」でしたが、沖縄では「カナグスク」、大阪では「カナシロ」といったように、意識的に使い分けていた可能性があります。

これは金城朝永に限ったことではなく、他の苗字でも似たような事例があります。したがって、この当時の沖縄出身者は、相手や場所によって「読み替え」の使い分けを行っていたのではないでしょうか。

ハワイのカナシロさん

それでは海外の「金城」さんは、どうなっていたのでしょうか。

ハワイの場合、戦前の名簿などの資料では「カナシロ」となっており、「キンジョウ」は確認できません。またアメリカ軍の軍事戦略局調査分析部が、対沖縄心理作戦計画案としてハワイ在住の沖縄出身者を研究分析した論文のなかで、苗字についても読み方などが詳細に報告されていますが、「カネシロ」・「カナシロ」と記載されています（Office of Strategic Services「OKINAWA STUDIES No.2」Honolulu,1994）。

また戦後となった1951年（昭和26）に、沖縄県人のハワイ移民50年を記念して刊行された資料では、「カネシロ」となっています。やはり「カナシロ」と「カネシロ」は確認できますが、「キンジョウ」が見当たりません。どうやら、ハワイでは「キンジョウ」はあったとしても多数派ではないようです。

カナグシクからキンジョウへ

このように主流ではなかった「キンジョウ」は、どのような経緯で現在のような多数派の地位を占めるに至ったのでしょうか。

１９４５年（昭和20）に戦争が終わった時点では、戦前と大きな変化はなかったと考えられますが、その5年後の１９５０年（昭和25）に沖縄で発行された名簿を見ると、驚くべき変化が起こっています。なんと「金城」が「キ」の項目に分類されているのです（崎原久編『琉球人事興信録』沖縄出版社、１９５０）。沖縄の「金城」さんは、全員「キンジョウ」さんになってしまったのでしょうか。

同じ年の11月24日付の『沖縄タイムス』の社説「生活風習の無駄」に、苗字の読み方がバラバラで不便なので、統一した方がよいという意見が書かれています。

ちなみに「金城」の場合は、「キンジョウ」・「カナシロ」・「カナグスク」などの読み方があるとしているので、全員が「キンジョウ」さんになってしまったわけではないようです。しかし著名人の氏名を採録した人名録において、「金城」の分類が戦前「カ」の項目であったのに対して、戦後「キ」の項目へと変化したということは、注目すべき点です。この興味深い変化は、1950年当時の沖縄では、「金城」という苗字を「キンジョウ」と読むことが、一般的な常識となっていたことを示していると考えられます。

終戦からたった5年の間に、「キンジョウ」が「カナシロ」や「カナグスク」を圧倒したわけですが、それはなぜでしょうか。残念ながら苗字の読み方に関する当時の資料は、ほとんどありません。また聞き取り調査で、現在「キンジョウ」さんになっている「金城」さんに、戦前の読み方をお聞きすると必ず「カナグスク」だったと言いますが、いつごろ「キンジョウ」に変わったのかを尋ねると、必ず「わからんさー。いつのまにか変わっていたさ」という答えが返ってきます。人々にとってこの問題は印象に残っていなかったのか、それとも日々の暮らしに懸命だったのか、いずれにせよ当時の変化について詳しい話を聞くことができません。

唯一聞くことができたのは、沖縄本島南部の「金城」さんの事例です。ご本人はお亡くなりになっており、お孫さんから伺うことができた話は、次のようなものでした。

「金城」さんは昭和初期の生まれで、「金城」さんの父親は「カニグスク」という読み方にこだわっていた方だったそうです。ちなみに「金城」さんの住む集落では金城姓が多く、普段の生活で苗字を呼ばれることはほとんどなかったそうです。ところが戦後になり「金城」さんの苗字は、「キンジョウ」となりました。それについて「金城」さんは、「戦後、役所によって勝手に「キンジョウ」にされた」と語っていたそうです（金城達氏のご教示による）。

このお話からすると「キンジョウ」の普及には「役所」が一役買っていたということになります。「役所」と苗字の「読み替え」とのつながりについては、さらに調査を進める必要がありますが、自ら進んで「キンジョウ」に変更したわけではない事例があったのです。

戦後、爆発的に「キンジョウ」が増えた理由はいくつかあると考えられますが、私は引揚者として沖縄に帰ってきた「キンジョウ」さんの存在が大きく関係しているのではないかと思います。つまり、東京や横浜などで使われていた「キンジョウ」という読み方を、沖縄に持って帰ってきたところ、「カネシロ」や「カネグスク」よりもカッコイイ（＝ハイカラ）とされて爆発的に広まったのではないかということです。しかし「カネシロ」などよりも「キンジョウ」がカッコイイとされた証拠はまだ確認できていません。

ちなみに軍隊にいた経験のある方から、「金城」はどの部隊に行っても「キンジョウ」と呼ばれたというお話を伺ったことがあります。もし軍隊で「キンジョウ」が主流となっていたとすれば、戦地から沖縄に復員してきた人々も「キンジョウ」を持ち帰ったことでしょう。彼らが持ち込んだ「キンジョウ」も、爆発的増加の一因となったかもしれません。

第三節　「読み替え」の置き土産

現在では「金城」＝「キンジョウ」というイメージがありますが、沖縄で主流となったのは、ほんの60年ほど前のことなのです。しかし大発生した「キンジョウ」が原因で、「首里金城町」という地名をめぐって事件が発生します。事件の経緯は、川平朝申氏の「沖縄の地名・区画の変遷―とくに旧那覇市の町名―」(仲松弥秀先生傘寿記念論文集刊行委員会編『神・村・人―琉球弧論叢―』第一書房、1991)に詳しく述べられているのでご紹介します。

事件のきっかけは、NHK沖縄放送局から那覇市役所に「首里金城町は『かなぐしく石畳』と呼んでいるが、バス停にはローマ字で『KINJHO』と表示している、どちらが正しいか?」という問い合わせがあったことでした。これについて、那覇市当局は

1972年（昭和47）6月12日に那覇市町界町名整理審議会に諮問したので、審議会が開催されました。この審議会の会長は、なんと川平朝申氏ご本人で、議長も兼任していたのですが、開会のあいさつで次のような発言をしました。

〈金城は『かなぐしく』又は『かなぐすく』であって、『きんじょう』ではない！首里城家町の石畳等を遺している由緒ある町を『きんじょう』と呼ぶのは外来者が勝手に呼んでいるのであって、バス停等の『キンジョウ』の表示は極めて不見識である、『かなぐしく』と正しく表示すべきである〉

川平氏の「キンジョウ」絶対阻止の決意が感じ取られます。ところが市当局側の委員から「議長が主張するのは非民主的である」と非難を受けてしまいます。そして「審議決定は多数決で決すべきだ」という発言もあり、挙手による多数決が取られました。その結果は、「キンジョウ」が15票、「かなぐしく」が5票となり、「キンジョウ」が優勢を占めます。

このようすを見た川平氏は、採決をしないで議長席を副会長に任せて、自ら一般席に移り、さらに熱弁をふるいます。

〈沖縄の地名が変貌しつつあるのは現代の趨勢のようであるが、しかし由緒ある首里城家町の「かなぐしく」まで変貌させるのは忍びない。「かなぐしく」こそ落ち着いた地名である。「キンジョウ」とは祖先の遺業や遺風をふみにじるものである！首里の地名は総て優雅であり原形のまま遺すべきである〉

結局この当日の審議会では、採決を取りませんでした。そして審議は、その後3年半にわたって延長されることになりました。その間に市当局と一緒に公聴会を行ったり、同じ那覇市内の小禄にある金城（かなぐすく）の役員にも集会に参加してもらったりします。

このような機会があるごとに、川平氏は「かなぐしく」が正式名称であると主張し続けます。しかし委員会の審議の場では、「『キンジョウ』が近代的」とか「ハイカラ名だ」とか、「『かなぐしく』は読みにくい」といった主張が出され、議論は平行線をたどります。

そしてとうとう「かなぐしく」を叫び続ける川平氏は、副会長から次のように強くクギを刺されてしまいます。「会長は議長であって自己主張は控えて多数決で決定すべきである。次の審議会では議長の意見は遠慮してもらいたい！」。

１９７５年（昭和50）12月1日、運命の最終審議会が開催されます。川平氏の意見に賛同する市当局の部長二名は欠席、18名の委員によって多数決が行われました。

多数決の結果は「キンジョウ」13票に対して「かなぐしく」5票となり、川平氏の努力もむなしく首里「キンジョウ」町が誕生することになりました。川平氏は「私は断腸の思いで議場を出た」と記しています。

結局、由緒正しい「かなぐしく」は、バス停名の「キンジョウ」に勝てなかったわけです。首里金城町は石畳の残る観光地であり、外来者（＝本土から来る観光客）にとって読みやすい名前の方が好まれたというのもあるかもしれませんが、やはり「金城」＝「キンジョウ」を普及させた「キンジョウ」さんの大発生の影響が大きかったのではないでしょうか。

このように地名と苗字の読み方の違いから、地名の読み方に揺れが起きている状況は他にもあります。沖縄本島中部の与那城村（現うるま市）の場合、「よなぐすく」であったのが、村から町に変わった時に「よなしろ」と名称が変更されました。このような状況に対して、南島地名研究センターの島袋伸三代表（当時）は、「正直言って変な地名の氾濫には目を被いたくなる」と述べています（島袋伸三「南島地名研究センター」建設情報誌しまたてぃ編集委員会編『しまたてぃ』No.26 社団法人沖縄建設弘済会、２００３）。

沖縄本島南部の豊見城市の場合、２００２年に市に昇格しましたが、名称は「とみぐすく」としました。島袋氏は「地域の人々に敬意を表したい」と述べられていますが、「豊見城」を冠した学校の名称のほとんどは「とみしろ」となっています。人々の会話の上でも「とみしろ」が頻繁に使われているのは、みなさんが御承知のとおりです。ちなみに「与那城」と「豊見城」は、苗字でも「よなしろ」・「とみしろ」が多数派となっているようです。

これに対して、現在南城市となった「玉城」は、苗字では「たましろ」・「たまき」になってしまいましたが、地名は「たまぐすく」のままで頑張っています。

首里金城町や与那城町（現うるま市）の場合、やはり苗字の読み替えの影響が地名に及んだ事例であったといえると思います。そして豊見城市の場合は、地名が苗字の読み方に引っ張られつつある状況にあるといえます。地名としての「豊見城（とみぐすく）」や「玉城（たまぐすく）」のこれから先の運命もわかったものではありません。

これというのも、沖縄の苗字がたどってきた数奇な運命と、その変化がもたらした影響の一つであると思います。伊波普猷のいうところの「ユニークネス（無双絶倫）」の一つであるといえる沖縄の苗字には、近代以来の日本本土と沖縄の関係のなかで「ユニークネス」ゆえに沖縄の人々が抱いたさまざまな思いが、常に複雑に絡みついているのでした。

■コラム「ピサラ」さん

宮古島市に「平良（ひらら）」という地名があります。方言名は「ピサラ」です。那覇市の「首里平良町」をはじめ豊見城市や東村などにも、同じ漢字の「平良」という地名がありますが、すべて「たいら」と読みます。

一方、宮古島市の「平良」さんは、電話帳で見てみると全部「たいら」さんです。沖縄では地名が由来となった苗字が多いのに、「ひらら」ではありません。「ひらら」さんは存在しなかったのでしょうか。

戦前の沖縄県内で発行された名簿類では、「平良」という苗字は「ヒ」の項目に入ることはなく、「タ」の項目にあります。唯一の例外は、沖縄県師範学校が発行した『龍潭』という雑誌です。『龍潭』の在校生・卒業生の名簿には、宮古島出身の「平良」さんが「ヒ」の項目に入っています。もしかして「ひらら」さんなのでしょうか。

宮古島で聞き取りしたところ、宮古島の「平良」さんは本来「ひらら」さんであることがわかりました。詳しい時期はわかりませんが、戦後になって「たいら」に変わったとのことです。

しかし、なぜ『龍潭』以外の戦前の資料では、宮古島出身の「平良」さんが「タ」に入っていたり、「タイラ」とフリガナがあったりするのでしょうか。私は、首里・那覇基準の「読み替え」の結果ではないかと推測しています。宮古島から進学などで首里・那覇に来た「平良（ひらら）」さんたちは、沖縄出身者が本土で行ったのと同じ理屈で、首里・那覇風にあわせて「読み替え」をした結果ではないでしょうか。

エピローグ　復帰後の沖縄苗字

忘れてはならぬ〝姓名〟復帰

沖縄は1972（昭和47）年5月15日に本土復帰しますが、直前の3月11日付の沖縄タイムスの投稿欄に、「忘れてならぬ〝姓名〟復帰」と題した意見文が掲載されました。

投稿者は、「本土復帰のこの機会に、沖縄同胞の姓名を本土並みに復帰改姓すべきである」として、その理由を①「約三十七年間佐世保市に住みついているが、沖縄の話が出るたびに、「沖縄の人の姓名は変なかわった姓名ですね」といわれる」こと、そして②「異民族視する不届きなヤカラも決して少なくはない」からだという。

そのため「本土にいる沖縄の人はこうした不愉快な腹立たしさを誰しもが、幾度か味わって」いるが、「沖縄の人だけが変な姓名を名乗らねばならない理くつ（原文ママ）はないはず」だと主張する。そして「本土にもへんな姓名がある」が、これはその祖先が自ら名乗ったものであり、沖縄の場合は「推定であるが、薩摩藩の策略によって強いられたものと考えられ…九九パーセントが本土の姓名と変わった姓名に改姓されている」ので、「この際好ましからざる姓名は（読み方もふくめ）全般的に本土復帰以前に改姓してもらいたいことを切望」すると訴えています。

この投稿者の推定する「薩摩藩の策略」や「九九パーセントが…改姓」が歴史的事実であるかどうかは別として、この論調に見覚えがないでしょうか。昭和戦前期に協会や東京の沖縄県人会が主張した、1632年の薩摩藩による「大和めきたる」名の禁止令を根拠として、それ以前に名乗っていた「大和めきたる」苗字に復姓をすることを正当化する論法です。この投稿者の意見が、沖縄の苗字問題に悩むすべての人々の総意とはいえないかもしれませんが、この論法が根強くのこっていたということは、30余年たっても沖縄の人々をまなざす日本の視線にさほど変化がなかったことを示しているのではないでしょうか。

戸籍訂正が大半

さて復帰を迎えた沖縄は日本国の沖縄県となりましたが、沖縄の苗字問題はどうなったのか見てみましょう。復帰前には日本と同じ戸籍法の条文でありながら、苗字変更の発生割合が大きかったのですが、はたして復帰後はどうなったのでしょうか。1977（昭和52）年に那覇家庭裁判所へ赴任した阿部栄蔵氏は、「当時、那覇家裁における審判事件のかなり大きな部分を、戸籍訂正事件が占めておりました。そのほとんどは、戦争により焼失した沖縄県民の戸籍の再製、戦後の混沌とした世の中で生きるために必要とした年令等の偽りにより作製された戸籍、遺族年金、老齢年金等の支給開始に伴い、本来なら受給資格があるのに、戸籍の間違いのために受給できないなど、さまざまの動機で申し立てられました」と述べており、やはり苗字問題は引き続き発生していたようです。

この状況は復帰から約10年たってもあまり変化がなかったようで、当時那覇家庭裁判所沖縄支部書記官であった仲宗根勇氏は「《姓》の選択、変更の場合の民衆の価値基準、モノサシは、依然として、ヤマト志向傾向が強いということです。例えば、本土の人間と結婚し、いかにも本土らしい《姓》を名乗っていた者が離婚した場合や「やむを得ない事由」(戸籍法一〇七条)によって、氏変更を申し立てる場合、選択される《姓》は、多く、ヤマト風であることが多いように、わたしには思われます。その意味で、昨今言われている《姓》のUターン現象というのは、全般的なものではないと言えそうです」と述べています。つまり日本風に変えた苗字を、再び本来の苗字に戻した人々もいたが、全体的な傾向としては「ヤマト志向」が強かったという状況であったのです。

しかしこうした沖縄の苗字に対する状況は、1990～2000年代以降大きく変わってきました。全国的な「沖縄ブーム」の中で、安室奈美恵や仲間由紀恵、新垣結衣、比嘉愛未といった、沖縄の苗字をそのまま芸名として使う、若い沖縄県出身者が芸能界で次々と活躍するようになり、沖縄出身というとかっこいいというイメージさえあるようになりました。沖縄の苗字も全国的にも浸透してきたともいえます。

自分とは何者か

沖縄の苗字は、「沖縄学の父」伊波普猷の言葉を借りれば、琉球の歴史や文化の独自性の生んだ「無双絶倫（ユニークネス）」のひとつとして評価される存在でありながら、近代以降の沖縄を巡る状況により、その機会を与えられることはありませんでした。沖縄本編集者の新城和博氏は、沖縄ブームの終りを振りかえって、「絶望と希望の狭間で、ゆるく漂っている沖縄の現在を知ることはやはり苦く切なかった」と述べていましたが、ここまでたどってきた沖縄の苗字のあゆみをふりかえると、まさに誕生から現在まで「絶望と希望の狭間で、ゆるく漂っている」状況であったといえます。

たしかに「漂っている」歴史をあゆんできた沖縄の苗字ですが、私は単純にそれだけでの存在ではないと考えています。苗字に起こった変化は、明治から現在までのそれぞれの時代を懸命に生き抜いた人々の選択が反映されたものです。その選択が刻み込まれた「歴史の生き証人」ともいえる沖縄の苗字に向き合うことは、人々が自身の生き方を顧みる機会を与え、さらに今後の人生における選択の一助となるかもしれません。

沖縄の苗字は黙して語りませんが、我々が問いかければ、沖縄の近代史と「自分とは何者か？」をそっと教えてくれることでしょう。

【参考文献】（本文中明記しなかったもの）

我妻栄 編『旧法令集』（有斐閣、1968）
井戸田博史「名前をめぐる政策と法 ―明治前期を中心として―」
上野和男・森謙二 編『名前と社会 ―名付けの家族史』（早稲田大学出版部、1999）
沖縄県 編『沖縄県令達類纂 下巻』（田中活版所、1906）
沖縄県教育会 編『沖縄教育』第247号（沖縄県教育会、1937）
金城善「近代沖縄における戸籍制度の一端 ―戸籍法の施行から壬申戸籍の改正まで―」
仲松弥秀先生傘寿記念論文集刊行委員会 編『神・村・人 ―琉球弧論叢―』（第一書房、1991）
久貝良順「戦後沖縄における法体系の整備：登記簿・戸籍簿を含めて」『沖大法学』9（沖縄大学、1990）
戸籍学会 編『氏名変更手続』（木村茂一郎、1923）
戸籍法50周年記念論文集編纂委員会 編『現行戸籍制度50年の歩みと展望 ―戸籍法50周年記念論文集―』（日本加除出版株式会社、1999）
坂田聡『苗字と名前の歴史』（吉川弘文館、2006）
社団法人沖縄建設弘済会 編『しまたてぃ』№26（社団法人沖縄建設弘済会、2003）
武光誠『名字と日本人』（文藝春秋、1898）
那覇市 編『那覇市の戸籍 戦災からのあゆみ』（那覇市、1981）
日本法政協会 編『あらゆる願届・契約書式便覧』（黒耀社、1925）
丹羽基二『日本人の苗字 三〇万姓の調査から見えたこと』（光文社、2002）
東恩納寛惇『琉球人名考』（郷土研究社、1925）
「琉球人名考補遺」『南島論攷』（実業之日本社、1941）
「氏姓考」『東恩納寛惇全集』6（第一書房、1979）

謝辞

昨年（2010年）のある日「苗字の話、本に書いてみませんか？」と突然の話が舞い込んできました。コトのいきさつは、『目からウロコの琉球・沖縄史』シリーズの上里隆史氏にお目にかかったことに始まります。上里氏が2009年の窪徳忠賞を受賞されたお祝いの席に、大学院の先輩である安座間充氏が誘って下さいました。呼ばれてもないのにノコノコとやってきた私がグダグダしゃべる苗字話を、「へー！」、「目からウロコだね！」と面白がって下さった上里氏は、なんとブログで私の苗字話を紹介して下さったのです。これがきっかけで、冒頭の話に至り、この本が世に出ることになったのです。上里氏と安座間氏に感謝申し上げる次第です。また、浅学な私にさまざまなご教示をくださいました大学院の先輩である井口学氏、沖縄県地域史協議会の皆さま、沖縄経験史研究会の皆さま、宮古の嵩原初太郎オジーに感謝申し上げます。最後に、進まない原稿に頭を抱える私を上手に「しかして」（＝おだてて）、ここまで導いて下さった編集の新城和博様にお礼申し上げます。

増補改定に際して

本稿の「増補版、出しませんか？」というお誘いの電話があったのは、令和五（2023）年も残りわずかになった時でした。「新たな原稿も入れましょう」とのお言葉に甘えて、増補の部分を追加してもらいました。『沖縄苗字のヒミツ』刊行は、平成二三（2011）年の春でした。なんと干支を一回りしていたことになります。この場を借りてお礼申し上げます。今後も調査・研究に励みますので、拙著を手に取ってくださいました皆さま、よろしくお願いします。

著者

武智方寛（たけち・みちひろ）

1972年香川県高松市生まれ。沖縄国際大学大学院地域文化研究科（民俗文化領域）修了。法政大学沖縄文化研究所国内研究員。

ボーダー新書 023
沖縄苗字のヒミツ　増補改訂

2011年3月7日　初版第一刷発行
2024年1月15日　増補改訂版第一刷発行

著　者　武智　方寛
発行者　池宮　紀子
発行所　（有）ボーダーインク
〒902-0076 沖縄県那覇市与儀 226-3
tel098-835-2777　fax098-835-2840
印　刷　株式会社　近代美術

ISBN978-4-89982--457-2 C0239

新しい沖縄との出会いがある

ボーダー新書

『名護親方・程順則の〈琉球いろは歌〉』　安田和男
『沖縄人はどこから来たか〈改訂版〉』　安里進・土肥直美
『地層と化石が語る琉球列島三億年史』　神谷厚昭
『琉球王国を導いた宰相　蔡温の言葉』　佐藤亮
『琉球怪談作家、マジムン・パラダイスを行く』　小原猛
『走る日本語、歩くしまくとぅば』　石崎博志
『沖縄〈泡沫候補〉バトルロイヤル』　宮原ジェフリー
『沖縄のまじない』　山里純一
『外伝 沖縄映画史　幻に終わった作品たち』　世良利和
『ぼくの沖縄《復帰後》史プラス』　新城和博
『南島の地名を歩く』　南島地名研究センター編